LES
SCIENTIFIQUES

Struan Reid
et Patricia Fara

Maquette : Russell Punter

Illustrations : Stephen Conlin
et Peter Dennis

Collection dirigée par Anthony Marks

Traduction : Nathalie Chaput

Remerciements à Tom Petersen
et Jane Chisholm

Sommaire

Introduction

Ce livre décrit la vie et l'œuvre de certains des plus grands savants du monde, des premières observations du ciel aux théories les plus modernes sur l'Univers. L'histoire des sciences n'y est certes pas exhaustive, mais il retrace en détail les progrès et les découvertes qui, à travers les siècles, ont changé la vie des hommes.

Qu'est-ce qu'un scientifique?

Un savant est une personne qui rassemble le plus de connaissances possible sur le monde et son fonctionnement. Dans ce but, il se pose des questions, auxquelles il tente de répondre par l'observation et l'expérimentation. De nos jours, les savants sont spécialisés et s'appellent des scientifiques (ce nom apparaît en 1830), mais il y a encore 200 ans, on ne faisait pas de différence entre les diverses disciplines scientifiques.

Pendant des milliers d'années, la majorité des gens croyait que la Terre se trouvait au milieu de l'Univers, comme le prouve cette gravure du XVIe s.

Les débuts de la science

La science naît de la quête de la connaissance qui découle du besoin de survivre. Par exemple, les premiers chasseurs ont étudié les diverses espèces d'animaux qu'ils traquaient et leur mode de vie. Ils ont découvert comment employer les plantes et les herbes pour se nourrir et se soigner et comment utiliser les substances naturelles comme les métaux et les minéraux. De l'expérimentation de ces matériaux, les hommes ont tiré des enseignements qui leur ont permis d'améliorer la qualité de leur vie.

Illustration du XVIe s., montrant comment on chauffait les liquides avant de les mettre en bouteille.

Aujourd'hui, nous avons oublié que notre confort, notre santé et nos loisirs dépendent de la science. Ce livre est consacré à tous les hommes et femmes qui ont permis à la science de se développer.

Repousser les limites de la connaissance

La connaissance scientifique ne cesse de s'accroître et les vérités scientifiques d'une époque sont souvent remises en question par les générations suivantes. La plupart des scientifiques actuels admettent que leurs théories seront certainement corrigées dans l'avenir. De plus, les nouvelles inventions et découvertes changent notre vision du monde. Par exemple, dans l'Europe du XVe siècle, on croyait que le ciel était composé de sphères de cristal qui transportaient les étoiles et les planètes autour de la Terre. Certaines découvertes, comme celles qui ont suivi l'invention du télescope, bouleversèrent cette conception. On commença alors à considérer que l'Univers pouvait être plus vaste qu'on ne le pensait au préalable; ce qui eut pour conséquence de modifier l'idée que les gens se faisaient de leur propre position dans l'Univers.

Carte de notre galaxie établie à partir d'ondes radioélectriques

Disposition historique

Ce livre s'articule chronologiquement. Il débute avec les premiers savants et leurs idées, puis vient la médecine dans l'Antiquité. Il considère ensuite les penseurs arabes du Moyen Age et le rôle vital qu'ils jouèrent dans la préservation et le développement des connaissances classiques, qu'ils transmirent à l'Europe de la Renaissance. Ce livre révèle aussi l'essor graduel que prit la science à partir de cette période jusqu'à la spécialisation en disciplines individuelles qui nous sont aujourd'hui familières. Il traite des changements intervenus dans les relations entre religion et science et des difficultés rencontrées par un grand nombre de scientifiques d'alors. Certaines pages sont consacrées aux sociétés scientifiques et au rôle essentiel bien que méconnu des femmes dans la science. Le tableau des pages 46-47 expose les principaux événements décrits dans cet ouvrage.

Dates

Certaines dates couvrent la période d'avant la naissance du Christ et sont alors suivies par les lettres «av. J.-C.». Les dates qui se réfèrent à l'ère chrétienne sont désignées par les lettres «apr. J.-C.». L'abréviation «v.», «vers», qui précède certaines dates, indique que les historiens ne sont pas sûrs de la date à laquelle l'événement a eu lieu.

Les premières théories

De tout temps, l'homme s'est posé des questions sur le monde et son fonctionnement. La science est l'ensemble des connaissances qu'il a acquises. Elle est de nos jours divisée en plusieurs disciplines, comme la chimie et la biologie, mais dans l'Antiquité, c'était une forme d'investigation comme une autre. On avançait alors des explications religieuses ou philosophiques à un grand nombre d'aspects que l'on tient aujourd'hui pour scientifiques. Rares sont les savants dont le nom a traversé l'Histoire, néanmoins nous connaissons certaines de leurs idées.

Sur cette peinture égyptienne, les dieux représentent des constellations (groupes d'étoiles).

Les Egyptiens

La civilisation de l'Egypte antique est l'une des premières dans l'Histoire du monde. Elle a débuté il y a plus de 5 000 ans et a duré plus de 3 000 ans. Les Egyptiens de cette époque étaient des gens pratiques ; ils se sont révélés des bâtisseurs et des artisans de génie. Ils étaient également de grands penseurs, qui ont émis des théories sur le monde qui les entourait.

Cette peinture murale montre un géomètre égyptien qui prend des mesures.

Leurs prêtres-astronomes se servaient de la position de la Lune et des étoiles comme d'une horloge géante qui leur permettait de calculer les meilleures dates pour leurs fêtes religieuses, mais aussi de savoir quand aurait lieu la crue du Nil, considérée comme l'événement le plus important de l'année agricole. Grâce à leur connaissance des étoiles, ils ont établi plusieurs calendriers. L'Egyptien Imhotep (voir page 8) est d'ailleurs certainement à l'origine

Les Mésopotamiens

La Mésopotamie (une région de l'actuel Irak) a été le site de nombreuses civilisations antiques, dont celles du pays de Sumer et de Babylone. Les Sumériens, qui ont prospéré à partir de 4000 av. J.-C. environ, étaient d'habiles astronomes et mathématiciens. Ils ont également bâti d'immenses temples, appelés ziggourats.

De plus, ils ont inventé un système d'écriture, dite écriture cunéiforme (en forme de clou), qui a été la première forme de représentation graphique des sons par des signes abstraits plutôt que par des dessins d'objets. Les Sumériens utilisaient aussi deux systèmes de calcul : l'un procédait par unités de dix (système décimal), l'autre par unités de soixante.

A partir de 1900 av. J.-C., la civilisation babylonienne a connu un essor en Mésopotamie, qui a duré plus de 1 300 ans. Les astronomes babyloniens ont souvent observé la Lune, les planètes Vénus et Mercure ainsi que les éclipses. Ils ont nommé les constellations d'après leurs dieux et divisé le ciel en plusieurs zones. Par la suite, l'astrologie grecque s'est fondée sur ces observations.

Ils étaient capables de prévoir le mouvement des planètes en consultant des listes, sur lesquelles ils avaient consigné plusieurs années

de l'introduction du premier calendrier divisant l'année en 365 jours.

d'observations très précises des astres. La finalité de ces listes n'était pas d'expliquer les mouvements planétaires mais plutôt de composer des calendriers et de prédire l'avenir. Pour les Babyloniens, le monde était un disque plat flottant sur les mers. La ville de Babylone était entourée de montagnes.

Carte babylonienne du monde sur une pierre (v. 600 av. J.-C.).

L'Amérique centrale

A partir de 2000 av. J.-C. environ, plusieurs civilisations sont nées en Mésoamérique (le Mexique et certaines régions d'Amérique centrale). L'une des plus éminentes a été celle des Mayas (de 300 av. J.-C. à 900 apr. J.-C.), suivie plus tard par celle des Toltèques et celle des Aztèques.

Observatoire maya à Chichen Itza (Mexique)

Cette
pierre aztèque
dépeint les étoiles et
les planètes. Les Aztèques
(v. 1300-1521) adoptèrent le calendrier maya.

Les Mayas divisaient le monde en quatre parties, ou directions, chacune associée à un arbre et à un oiseau. Pour eux, le monde a été créé à partir du dos d'un crocodile géant reposant dans une mare.

Fragment de calendrier maya. Les Mayas se servaient de points, de tirets et de lignes courbes pour indiquer les dates.

Les Grecs et la science

Les savants de la Grèce antique étaient appelés philosophes, c'est-à-dire «ceux qui aiment le savoir». Outre le sujet connu de nos jours sous le nom de philosophie et qui étudie les idées, ils s'intéressaient aussi aux sujets scientifiques, comme les mathématiques, la biologie, l'astronomie et la géographie. Ils rassemblaient avec soin le plus d'informations possible pour avancer dans la connaissance.

Thalès de Milet

Le lieu le plus important du savoir grec se trouvait en Méditerranée orientale, et l'un des philosophes les plus influents de cette région s'appelait Thalès. Il venait de Milet, un port actuellement en Turquie. Mathématicien et astronome, il

Thalès de Milet
(v. 624-546 av. J.-C.)
enseignait que l'eau était l'élément essentiel de toute chose et que la Terre était un disque flottant sur l'eau. Son œuvre n'en est pas moins extrêmement significative, car il a tenté de donner des explications naturelles à des phénomènes mystérieux. Par exemple, il pensait que les tremblements de terre n'étaient pas dus à la colère des dieux mais à l'éruption d'eau brûlante dans les océans.

Pythagore

Né sur l'île de Samos, Pythagore a été l'un des plus respectés des premiers philosophes grecs. Jeune homme, il a visité l'Egypte et Babylone, dont les idées l'ont fortement influencé. Il a été un chef spirituel important : ses disciples étaient connus sous le nom de Pythagoriciens.

Les idées de Pythagore concernant l'Univers découlaient de l'importance qu'il accordait aux nombres particuliers et à la symétrie dans toute chose. Pythagore et ses disciples aimaient la beauté et l'ordre, ce qui les a poussés à penser que le mouvement des planètes était circulaire et que le ciel et la Terre étaient sphériques. Deux mille ans plus tard, cette conception était encore très courante.

Pythagore
(v. 560-480 av.J.-C.)
sur une pièce de
monnaie athénienne

Pythagore a expliqué pourquoi le bruit des cloches dépend de leur taille.

La science en Grèce antique

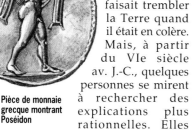

Dans l'Antiquité, les Grecs attribuaient toutes les choses mystérieuses autour d'eux aux dieux. De là sont nées les légendes. Ainsi, le dieu de la mer, Poséidon, était surnommé «celui qui secoue la Terre», car on croyait qu'il faisait trembler la Terre quand il était en colère. Mais, à partir du VIe siècle av. J.-C., quelques personnes se mirent à rechercher des explications plus rationnelles. Elles voulaient comprendre comment et pourquoi les choses étaient comme elles étaient et avaient un tel comportement. Elles se posèrent beaucoup de questions, firent de nombreuses observations et de savants calculs afin de s'instruire.

Pièce de monnaie grecque montrant Poséidon

L'Académie d'Athènes

Platon est considéré comme le fondateur de la philosophie occidentale. Né à Athènes, il suivit l'enseignement d'un autre célèbre philosophe, Socrate. En atteignant la trentaine, Platon décida de voyager. Il visita beaucoup de pays bordant la Méditerranée et rencontra d'autres philosophes.

De retour à Athènes en 388 av. J.-C., il créa l'année suivante une école, appelée l'Académie. Il se consacra à l'enseignement et son école acquit une réputation dans tout le monde grec. L'Académie subsista pendant plus de 900 ans, jusqu'à ce que l'empereur romain, Justinien, la fermât en 529 apr. J.-C.

Mosaïque représentant des philosophes à l'Académie

L'œuvre et l'influence de Platon

Platon mit au point une méthode d'enseignement appelée la Doctrine des Idées, que les Arabes nous ont transmise. Essentielle pour les penseurs suivants, elle reliait la pensée scientifique à la religion et à la philosophie. Pour Platon, tout ce que l'homme perçoit avec ses cinq sens (vue, ouïe, goût, odorat et toucher) n'est qu'apparence extérieure; la réalité n'est pas observable, seul l'esprit est capable de la contempler. Plus tard, ce sera l'un des fondements de la pensée occidentale.

Si Platon a eu une grande influence sur les philosophes et les savants suivants, ses conceptions sont souvent vues actuellement comme faisant obstacle à la science expérimentale moderne. C'est dû au fait qu'il n'encouragea jamais l'expérimentation, car pour lui l'observation ne faisait qu'embrouiller la recherche de la pure connaissance théorique. Il croyait par exemple

Platon (427-347 av. J.-C.)

que les mouvements des planètes se comprenaient mieux par l'esprit que par l'observation minutieuse. Toujours d'après Platon, les mathématiques étaient la clé primordiale de toute connaissance, mais à la différence d'Archimède (voir ci-dessous), il ne s'intéressait pas à leur utilisation pratique.

Le précepteur d'Alexandre

A la mort de ses parents, le jeune Aristote (384-322 av. J.-C.), né en Macédoine (nord-est de la Grèce), fut envoyé par son protecteur à l'Académie de Platon pour y étudier. Quand Platon mourut, il quitta Athènes et voyagea pendant douze ans en Grèce et en Asie mineure. De retour en Macédoine, en 343 av. J.-C., il servit pendant trois ans le jeune prince Alexandre de Macédoine (qui deviendra Alexandre le Grand) en tant que précepteur. Quand Alexandre succéda à son père, le roi Philippe de Macédoine, Aristote revint à Athènes, où il créa sa propre école, le Lycée.

Fragment de mosaïque représentant Alexandre au combat

Illustration tirée d'une coupe grecque montrant des étudiants au travail

Après la mort d'Alexandre, en 323 av. J.-C., Aristote quitta Athènes pour la dernière fois et se retira dans sa propriété de Chalcis, sur l'île d'Eubée, où il décéda.

L'enseignement au Lycée

Les croyances d'Aristote différaient beaucoup de celles de Platon. Il considérait, quant à lui, qu'il fallait rassembler le plus d'informations possible. Ses écrits, que les Arabes nous ont transmis, servirent à poser de nombreuses bases de l'étude scientifique moderne.

Selon Aristote, les dieux avaient donné une position fixe à tous les objets du ciel et de la Terre. Il pensait donc que rien ne pouvait bouger sans entraîner le mouvement de l'ensemble des choses composant le système. Il inventa une «Echelle de la nature», sorte de classification du vivant placé au-dessus de la matière inanimée (les pierres, par exemple). L'homme était au-dessus de l'animal et les dieux contrôlaient tout.

Aristote pensait que l'Univers consistait en une série de sphères emboîtées les unes dans les autres et disposées autour d'une Terre sphérique. La sphère de l'atmosphère entourait immédiatement la Terre, puis venaient les sphères des quatre éléments : terre, eau, air et feu. Au-delà de la sphère du feu existait une région contenant une substance qu'il nomma éther (du grec *aether*, «brillant»). Au-delà encore, il y avait d'autres

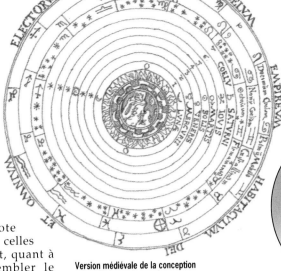

Version médiévale de la conception aristotélicienne du monde

sphères portant les planètes et les étoiles et enfin, englobant le tout, une sphère contrôlait le mouvement du système dans son entier.

L'influence d'Aristote

Aristote contribua largement à la science par son observation minutieuse et sa classification très détaillée. Pendant environ 1 500 ans, l'Europe s'inspira de la plupart de ses idées. Ce n'est qu'avec la Renaissance et surtout Galilée (voir page 18) qu'elles furent remises en question.

Le système d'Aristote n'était pas rigide en lui-même, mais il servit à justifier et à maintenir le système féodal du Moyen Age, qui instaurait un ordre social strict par lequel les rois commandaient aux seigneurs qui commandaient à leur tour aux paysans.

Sur cette illustration figurent les trois principaux métiers du Moyen Age : prêtre, guerrier et paysan.

Mathématicien et inventeur

Archimède est né dans la colonie grecque de Syracuse, en Sicile. Mathématicien de génie, il a étudié au Musée, la célèbre école d'Alexandrie, en Egypte. Il a été tué en 212 av. J.-C., quand les Romains ont capturé Syracuse.

Archimède (287-212 av. J.-C.)

Archimède est surtout connu pour son principe, qui établit que tout corps plongé dans un liquide subit une poussée verticale, dirigée de bas en haut, égale au poids du fluide déplacé. On dit qu'il a crié *Eurêka* («J'ai trouvé !») quand il a constaté en entrant dans son bain que le poids de son corps déplaçait le niveau de l'eau.

Dessin médiéval représentant Archimède dans son bain

Mathématiques pratiques

Archimède a appliqué la géométrie à la mesure des courbes, des aires et des volumes des solides. Il a conçu des systèmes de leviers (la vis d'Archimède) permettant d'écoper les navires inondés. On utilise toujours ce principe pour élever de l'eau d'un niveau à un autre.

Mosaïque montrant le meurtre d'Archimède par un soldat romain

Illustration médiévale de l'«Echelle de la nature» d'Aristote

La médecine dans l'Antiquité

De tout temps, l'homme a été confronté à la maladie et à la mort, mais les explications et les traitements ont varié selon les régions du globe. Cependant, un peu partout dans le monde, on pensait que la maladie correspondait à l'invasion de l'organisme par un poison ou un maléfice, ou on l'attribuait à des dieux en colère, qui auraient volé l'âme du patient. Les premiers médecins étaient aussi des prêtres : ils pensaient qu'un traitement médical pouvait soulager le patient, mais que la cause principale de la maladie dépendait surtout des prières adressées aux dieux et des offrandes et sacrifices.

La médecine égyptienne

Les Egyptiens étaient d'admirables chirurgiens. Ils connaissaient quantité de remèdes et de techniques chirurgicales. Grâce à la pratique de l'embaumement (la préservation du corps d'un mort), leur connaissance de l'anatomie humaine était excellente. Ils croyaient que l'esprit du défunt (*Ka*) mourait si son corps se décomposait. Afin de sauvegarder l'âme, ils préservaient donc soigneusement le corps.

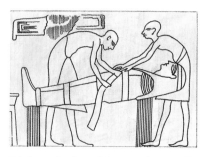

Cette fresque égyptienne illustre une partie du procédé de l'embaumement.

Ils nettoyaient tout d'abord le corps du défunt, puis ils enlevaient le cerveau et les organes internes (cœur, foie, poumons...) et les lavaient dans du vin. Ensuite, ils les enfermaient dans des vases, les canopes, avec des herbes pour les conserver. Le corps était

Vase funéraire égyptien, ou canope, peint de couleurs vives

alors rempli de parfums et de résines odorantes avant d'être cousu. Il était couvert de natron (un mélange de sels de sodium qui absorbe l'humidité) et mis à sécher pendant environ 35 jours. Enfin, il était enduit de résine, enroulé dans des linges et placé dans un cercueil hermétique. Le plus célèbre médecin égyptien s'appelle Imhotep (il a vécu v. 2650 av. J.-C.). Il était aussi architecte et grand prêtre.

Imhotep

La médecine indienne

Le plus célèbre manuscrit indien de médecine est le *Yajurveda*, rédigé en Inde vers 700 av. J.-C. La maladie y est décrite comme un déséquilibre entre les substances du corps. Les médecins hindous utilisaient des remèdes pour faire sortir les substances nocives et les remplacer par d'autres, plus en harmonie avec l'organisme. Le *Yajurveda* indique aussi que ces médecins possédaient une bonne connaissance des régimes alimentaires et du système digestif.

Les Indiens excellaient dans les traitements chirurgicaux. D'ailleurs, le *Yajurveda* décrit de nombreux instruments de chirurgie. Les médecins savaient pratiquer beaucoup d'opérations, notamment au niveau de l'estomac et de la vessie. Ils soignaient aussi la cataracte (opacité du cristallin) et étaient célèbres pour leur chirurgie plastique (remodeler les parties endommagées du corps). Ils se servaient de poils pour recoudre les lèvres déchirées.

Illustration indienne montrant une chirurgie plastique du nez

La médecine chinoise

Au VIe siècle av. J.-C., un philosophe chinois du nom de Confucius (551-479 av. J.-C.) enseignait que l'homme est étroitement lié à un univers dominé par deux forces opposées, le *yin*, force négative, et le *yang*, force positive. Il affirmait que l'harmonie de cet univers et la bonne santé des gens dépendaient de l'équilibre entre ces deux forces. Aujourd'hui, de nombreux Chinois pensent que le *yin* et le *yang* circulent autour du corps sous la forme d'esprits ou de fluides. En implantant des aiguilles en des endroits précis du

Illustration chinoise indiquant comment prendre le pouls d'un patient

corps, on maintient une circulation correcte de ces deux esprits. Cette technique, appelée acupuncture, remplace les médicaments pour soulager la douleur lors des opérations chirurgicales. En Chine, mais aussi de plus en plus dans les pays occidentaux, l'acupuncture et les autres médecines alternatives sont utilisées avec les médicaments et la chirurgie.

Sculpture chinoise en bois (XVIIe s.) indiquant les points d'acupuncture

La médecine grecque

Au Ve siècle av. J.-C., une école de médecine implantée sur la petite île grecque de Cos a eu beaucoup d'influence. Les médecins de Cos étaient renommés pour leurs traitements des lésions osseuses, mais possédaient en revanche des connaissances limitées sur les organes internes. Pour eux, la maladie était due à un déséquilibre entre les quatre humeurs du corps, c'est-à-dire le sang, la bile noire (ou atrabile), la bile jaune et le flegme (ou pituite), et les quatre qualités physiques inhérentes, c'est-à-dire le chaud, le froid, le sec et l'humide.

L'île était le domaine d'Hippocrate, souvent reconnu comme «le père de la médecine». Comme les médecins modernes, il préconisait de garder des archives sur les traitements prescrits et de noter s'ils avaient réussi ou échoué.

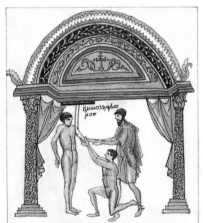

Portrait d'Hippocrate (v. 450-370 av. J.-C.) datant du XIVe s.

Pour lui, il était important de laisser le corps guérir naturellement, aussi utilisait-il peu de médicaments. En revanche, il recommandait un régime alimentaire simple et des bains chauds pour se détendre. A cette époque, on pensait encore couramment qu'une

Illustration médiévale montrant un patient grec traité pour une épaule luxée

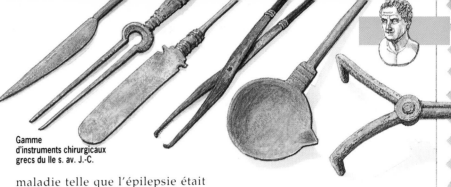

Gamme d'instruments chirurgicaux grecs du IIe s. av. J.-C.

maladie telle que l'épilepsie était une punition des dieux. Hippocrate rejetait cette conception et suggérait plutôt des causes naturelles.

La médecine grecque a beaucoup marqué l'Europe du Moyen Age et de la Renaissance. Les enseignements d'Hippocrate ont été compilés par les érudits grecs, qui les ont rassemblés pour former un très vaste corps de connaissances médicales : les traités d'Hippocrate. Certaines parties ont servi de référence aux écoles de médecine européennes jusqu'au XIXe siècle. De nos jours, les médecins prêtent encore le serment d'Hippocrate, par lequel ils s'engagent à toujours œuvrer pour le bien de leurs patients.

La médecine romaine

A l'époque romaine, la réputation du médecin Galien était grande. Né à Pergame en Asie mineure (l'actuelle Turquie), c'était le fils d'un architecte grec. En 161 apr. J.-C., il partit pour Rome, où il passa presque toute sa vie active en tant que médecin. Sa célébrité grandit vite et il devint le médecin personnel de la famille de l'empereur.

Les traités médicaux de Galien dominèrent la pensée médiévale du monde arabe et européen. Ses recherches sur la structure physique et les fonctions corporelles furent très importantes. Comme il était interdit de disséquer des cadavres humains, il étudia l'anatomie en se servant de carcasses de singes et de cochons. Les animaux étant différents des humains, ces théories anatomiques contiennent de nombreuses erreurs. Mais ce n'est qu'avec Vésale (voir page 16), au XVIe siècle, qu'elles furent remises en cause.

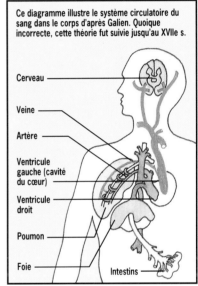

Buste de Galien (v. 129-200 apr. J.-C.)

Galien se trompa fréquemment. Il pensait que les veines (qui transportent le sang au cœur) se trouvaient à droite du cœur et les artères (qui transportent le sang du cœur aux diverses parties du corps) se trouvaient à gauche, mais aussi que le sang s'infiltrait à travers des pores jusqu'au septum (cloison interne) du cœur. Il

Ce diagramme illustre le système circulatoire du sang dans le corps d'après Galien. Quoique incorrecte, cette théorie fut suivie jusqu'au XVIIe s.

Cerveau

Veine

Artère

Ventricule gauche (cavité du cœur)

Ventricule droit

Poumon

Foie

Intestins

enseigna que le cœur, agissant comme une pompe, transportait à travers les artères du sang mélangé à quelque chose appelé par lui «pneuma» (sorte de souffle spirituel obtenu par les poumons quand ils recevaient de l'air). Il croyait que le sang était envoyé aux organes qui en avaient besoin, mais pas selon un mouvement circulatoire. Cette théorie incorrecte ne fut remise en cause qu'au XVIIe siècle par un médecin anglais du nom de William Harvey (voir page 17), qui rétablit la vérité en disant que le sang circule d'une façon continue dans tout le corps.

La science en Islam

Manuscrit arabe représentant un dentiste qui arrache une dent

Au VIIe siècle apr. J.-C., en Arabie, le prophète Mahomet fonda une nouvelle religion appelée islam. Moins d'un siècle plus tard, à sa mort (en 632), ses disciples, les musulmans, avaient conquis un vaste empire qui s'étendait de l'Espagne aux frontières de la Chine. Les arts et la science connurent alors un véritable essor dans le monde arabe, notamment entre 900 et 1200. Les Arabes de cette époque contribuèrent aux progrès scientifiques tout en absorbant les idées d'autres peuples de leur immense empire, en particulier celles des Grecs et des Perses. En cela, on peut dire que les penseurs arabes ont aidé à transmettre les conceptions scientifiques de l'Antiquité aux Européens du Moyen Age. Sans eux, de nombreuses informations auraient disparu.

Illustration arabe montrant le philosophe grec Aristote (voir page 6) avec un étudiant

Un grand penseur

Ibn Sina (plus connu sous le nom européen d'Avicenne) fut un homme très cultivé aux multiples talents, qui a rédigé environ 270 ouvrages sur toutes sortes de sujets. Né en Iran, à Boukhara, il a pratiqué la médecine dès l'âge de 16 ans. Tour à tour homme de loi et professeur de science, il s'est intéressé aussi à la politique et a été le conseiller d'un dirigeant iranien. Il est mort de

Ibn Sina (980-1037) enseignant à des étudiants

colique (inflammation intestinale), mais peut-être a-t-il été empoisonné?

Ibn Sina a écrit un énorme ouvrage intitulé *Canon de la médecine*, qui a influencé l'enseignement de la médecine en Europe jusqu'au XVIIe siècle. La loi islamique interdisant la dissection de cadavres humains, son livre décrit surtout comment reconnaître et traiter les maladies, et comment préparer les médicaments. Il a aussi rédigé une encyclopédie dite *Livre de la guérison*, une autre de ses œuvres majeures qui couvre une grande variété de sujets, de la philosophie aux mathématiques et à la physique.

Le maître de l'alchimie

L'alchimie tenait une place primordiale dans la pensée arabe. Les alchimistes cherchaient surtout à changer en or des métaux non précieux, comme le fer. Les études alchimiques étaient ardues, car outre la magie et les charmes, elles faisaient aussi appel à l'expérimentation. Elles ont servi de base à plusieurs sciences modernes, dont la chimie et la minéralogie (l'étude des minéraux).

Al-Razi (v. 854-935), connu dans l'Europe médiévale sous le nom de Rhazes, est né à Ray, en Iran. C'était le plus grand des alchimistes musulmans et l'une des figures les plus réputées de la médecine des IXe

Alambic, appareil utilisé pour effectuer une distillation

et Xe siècles. Mais il a aussi remis en question les enseignements religieux, ce qui lui a valu d'être peu apprécié du puissant clergé arabe.

Rhazes a consacré la première partie de sa vie à l'alchimie, mais a rejeté la plupart des interprétations magiques et les charmes des autres alchimistes. Il s'est davantage consacré à leurs idées expérimentales. Très intéressé par l'utilisation des substances chimiques, il a clairement décrit certaines des techniques de l'alchimie, par exemple la distillation (faire bouillir un liquide jusqu'à ce qu'il se transforme en gaz, puis le laisser refroidir pour qu'il redevienne liquide).

Ces instruments en cuivre servaient en géomancie, une méthode employée pour faire des prophéties.

Il a été l'un des premiers à donner une liste des instruments nécessaires pour équiper un laboratoire.

Il a été nommé directeur de l'hôpital de Ray, puis est parti diriger l'hôpital de Bagdad. Il a été l'un des premiers auteurs musulmans à écrire sur la médecine et a produit plus de cent ouvrages sur le sujet. La plus célèbre de ses publications est un livre exhaustif sur les connaissances et les pratiques médicales de cette époque, y compris celles des Grecs, des Indiens et des Chinois.

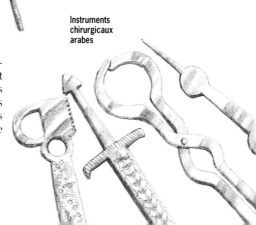

Instruments chirurgicaux arabes

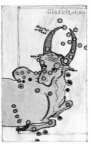

Signes astrologiques arabes. De gauche à droite : Bélier, Taureau, Gémeaux, Cancer, Lion, Vierge.

Astronome et courtisan

Abu Rayhan al-Biruni (973-v.1050) est né à Kharezm, en Arménie. Il a entrepris très jeune des études scientifiques et à 17 ans, il avait déjà conçu et fabriqué un instrument permettant d'observer le Soleil. En 995, la guerre civile l'a obligé à s'exiler.

L'observatoire de Samarkande, v. 1420

Il est revenu dans son pays deux ans plus tard et a tenu un certain nombre d'emplois officiels dans les cours royales. Il a poursuivi ses études scientifiques, et a inventé de nombreux instruments pour observer le Soleil, la Lune et les étoiles.

Cet astronome turc observe un météore avec un instrument appelé quadrant.

Mais l'intérêt et les études d'al-Biruni ne se limitaient pas à l'astronomie. Il a rédigé environ 13 000 pages d'une très haute technicité sur la géographie, les mathématiques, l'optique (étude de la lumière et de l'œil), les médicaments, les pierres précieuses et l'astrologie. Son goût pour l'alchimie l'a amené à étudier la composition des minéraux et des métaux ; plus tard, avec le développement de la chimie, ses écrits dans ce domaine se révéleront très influents. Il a aussi écrit un vaste ouvrage de minéralogie appelé *Le Livre de la multitude des connaissances sur les pierres précieuses*. Il a été malade pendant plusieurs années et est mort à l'âge de 80 ans, laissant plus de 140 livres sur divers sujets.

Page tirée d'un livre arabe sur la minéralogie

Les lentilles et la lumière

Ibn al-Haytham (965-v.1040) a été le plus grand de tous les physiciens musulmans. Né à Basra, en Irak, il est parti pour le Caire, où il a travaillé dans une école appelée l'Académie sous le règne du calife al-Hakim (996-1020). Il est connu en Europe sous le nom d'Alhazen.

Al-Haytham a rédigé de nombreux ouvrages sur divers sujets, dont l'astronomie, les mathématiques et surtout l'optique. Son œuvre en ce domaine est si complète et détaillée qu'elle a par la suite servi de base à beaucoup d'études européennes. Dans son livre, *Le Trésor de l'optique*, il rejette l'idée grecque antérieure selon laquelle l'œil de l'observateur émet des rayons lumineux qui se posent sur l'objet regardé. Pour lui, les rayons de lumière partent des objets pour arriver à l'œil.

Illustration du XVIe s. représentant la structure de l'œil selon al-Haytham

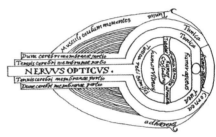

Al-Haytham a également examiné l'effet de la lumière à travers des lentilles. Il en a déduit que la réfraction (déviation) de la lumière est causée par des rayons lumineux se déplaçant à des vitesses différentes selon les divers matériaux (air, verre, eau) qu'ils traversent. Cette idée sera reprise au XVIIe siècle par Kepler (voir page 15) et Descartes (voir page 19). Al-Haytham a de plus été le premier à mettre au point la chambre noire, une boîte dans laquelle les images venant de l'extérieur sont projetées sur une paroi. Il s'est servi d'un trou dans un mur pour reproduire l'image du Soleil durant une éclipse.

Une chambre noire anglaise du XIXe s., d'après les principes d'al-Haytham

Signes astrologiques arabes. De gauche à droite : Balance, Scorpion, Sagittaire, Capricorne, Verseau, Poissons.

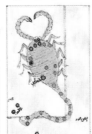

La science dans l'Europe du Moyen Age

En Europe, la période allant de 400 apr. J.-C. environ à 1400 s'appelle le Moyen Age. A cette époque, l'Eglise chrétienne est très puissante et domine tous les aspects de la vie. Les lettrés sont pour la plupart des moines chrétiens, qui doivent par conséquent suivre les enseignements de l'Eglise. Ceux qui s'y opposent s'exposent souvent à des persécutions.

A partir de la fin du XIe siècle, de nombreux livres grecs, romains et arabes parviennent en Europe du Nord en passant par l'Espagne musulmane (voir page 10). Le clergé craint alors

Le pape Innocent III (1198-1216), chef tout-puissant de l'Eglise

que les connaissances nouvelles contenues dans ces ouvrages ne remettent en question les principes de la création du monde racontés dans la Bible. Au cours des années toutefois, la science et la philosophie venant des Arabes, des Grecs et des Romains se sont lentement réconciliées avec les préceptes chrétiens.

Religion et philosophie

Dans son livre intitulé *Summa contra gentiles*, rédigé en 1264, Thomas d'Aquin, un moine italien, suggéra que bien que tout soit créé par Dieu, la connaissance et la vérité pouvaient également venir d'autres sources. Pour lui, l'Eglise et la Bible étaient les seules autorités compétentes en matière de problèmes religieux ; en ce qui concernait les questions scientifiques, le legs des Grecs et des Arabes pouvait toutefois aider à mieux comprendre le monde créé par Dieu. Cette conception a permis à l'Eglise de s'accorder avec les enseignements du monde antique.

Thomas d'Aquin (1225-1274)

Un nouveau savoir

A partir de la fin du XIIe siècle, toute l'Europe a vu fleurir des lieux d'instruction appelés universités. Les plus importantes étaient sans doute celles de Bologne, d'Oxford, de Cambridge et de Paris. Ceux qui enseignaient ou étudiaient dans ces universités dépendaient en grande partie de l'Eglise. Les universités étaient donc des institutions chargées de développer les idées relevant de la religion.

Illustration selon laquelle l'homme se trouve au milieu de l'Univers contenu dans Dieu.

Robert Grosseteste (v.1168-1253) est né dans le Sussex, en Angleterre. Il a joué un rôle majeur dans le monde scientifique de la première moitié du XIIIe siècle. Il a étudié à l'université d'Oxford, puis a enseigné à l'université de Paris à partir de 1209. En 1214, de retour à Oxford, il a été maître d'études d'un certain nombre d'élèves, parmi lesquels une communauté de moines.

Cours dans une classe de la nouvelle université de Bologne (Italie)

Partisan d'Aristote

Grosseteste insistait toujours sur l'extrême importance qu'il y avait à tester toutes les propositions scientifiques. En cela, il suivait Aristote, qui recommandait de pratiquer avec soin l'observation et l'analyse. Il a écrit sur un grand nombre de sujets, dont l'astronomie et la musique. Mais son ouvrage le plus célèbre, inspiré du savant arabe Ibn al-Haytham (voir page 11), traite de l'optique et du comportement de la lumière.

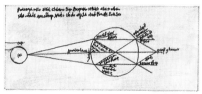
Dessin de Grosseteste représentant la trajectoire d'un rayon lumineux à travers une lentille

L'élève de Grosseteste

Roger Bacon (v.1214-1294) est né dans le Somerset, en Angleterre. Il a étudié à l'université d'Oxford, puis est parti pour Paris en 1241. En 1247, de retour à Oxford, il est devenu l'un des élèves de Grosseteste. Il a passé le reste de sa vie à enseigner en Angleterre et en France.

Bacon lui-même n'a pas effectué d'expériences, mais il a mené certaines recherches sur les phénomènes optiques et sur l'œil. Il a suggéré que l'œil tel que décrit par al-Haytham s'apparentait à un appareil à former des images et a élucidé les causes de la réfraction (déviation) de la lumière. Il a été l'un des premiers à envisager que les lentilles pouvaient servir de lunettes de grossissement.

Cette illustration datant de 1352 montre pour la première fois l'utilisation de lentilles en tant que lunettes.

En conflit avec l'Eglise

Vers l'âge de 40 ans, Bacon est entré dans l'ordre des Franciscains. De nature vive, il se querellait souvent avec le supérieur de son ordre, Jean de Fidanza (plus tard, saint Bonaventure), au sujet de l'astronomie et de l'astrologie.

En 1267, sur l'invitation de son ami le pape Clément IV, Bacon a rédigé l'*Opus majus*, un important traité couvrant tous les domaines de la connaissance d'alors. Dans cet ouvrage, Bacon condamne les méthodes d'enseignement des Franciscains comme celles des Dominicains, affirmant qu'elles sont dépassées et bornées. Cela l'a rendu encore plus impopulaire auprès des autorités et a fait outrage au Pape lui-même. En 1277, Bacon a été jugé et envoyé en prison, à Paris, pendant plusieurs années. On l'accusait d'accorder davantage d'importance à la raison et à la philosophie qu'aux préceptes de l'Eglise chrétienne.

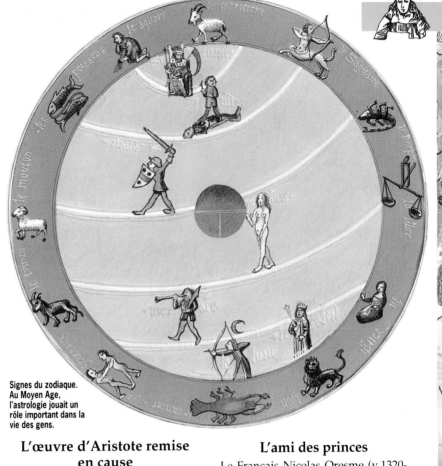

Signes du zodiaque. Au Moyen Age, l'astrologie jouait un rôle important dans la vie des gens.

La science à l'appui de la religion

Bacon est une figure majeure de l'histoire de la science, non pas parce qu'il a défié l'autorité de l'Eglise, mais par son approche scientifique. Il estimait que l'étude et les avancées de la science pouvaient compléter et seconder la religion. Pour lui, l'étude scientifique pouvait permettre à chacun de comprendre tous les aspects du monde. En ce sens, il affirmait que tout le monde pouvait ainsi gagner une meilleure connaissance de Dieu et de son œuvre.

Cette illustration du Moyen Age représente la mainmise de l'Eglise (en haut) sur les divers domaines du savoir (en bas).

L'œuvre d'Aristote remise en cause

Au XIVe siècle, les lettrés avaient adopté beaucoup d'idées venant du monde antique, et surtout celles d'Aristote. Mais leur interprétation en était rigide et leur servait à affirmer que la Terre reposait immobile au centre d'un Univers inchangé et parfait.

Jean Buridan (v.1300-1385) a été professeur à l'université de Paris. Il a adopté la conception grecque, appelée «théorie de l'impulsion» et a émis l'hypothèse selon laquelle Dieu a disposé les étoiles et les planètes autour de la Terre, où elles se déplacent indéfiniment à une vitesse donnée.

Il s'agissait d'une étape importante vers une explication physique du mouvement planétaire, parce que cette théorie exclut toute cause surnaturelle. Buridan craignait de publier son œuvre, car elle contredisait l'enseignement d'Aristote qui veut que des êtres divins poussent devant eux les planètes.

L'ami des princes

Le Français Nicolas Oresme (v.1320-1382) est né en Normandie et a été évêque de Lisieux. A partir de 1340 environ, il a été l'élève de Buridan, à Paris. Oresme s'est opposé encore plus farouchement que Buridan à l'œuvre d'Aristote. Il a suggéré que la Terre n'était peut-être pas immobile et qu'elle pouvait au contraire tourner sur son propre axe quotidiennement. Il s'est également servi des mathématiques pour résoudre les mouvements planétaires. Par la suite, les conceptions d'Oresme ont aidé les scientifiques à formuler de nouvelles théories sur la structure de l'Univers. Ceci a finalement conduit Galilée et d'autres savants du XVIIe siècle (voir page 18) à abandonner complètement le système aristotélicien.

Cette gravure médiévale dépeint une classe de mathématiques.

La Terre et le Soleil

Depuis les temps les plus reculés, l'homme a cherché à percer les mystères des étoiles et des planètes. Les premières civilisations ont dressé des cartes des mouvements du Soleil et de la Lune afin d'établir des

Dessin représentant Nout, la déesse égyptienne du ciel, couchée au-dessus des dieux de la terre et de l'air.

calendriers. Les Egyptiens ont disposé les étoiles en groupes, appelés constellations, auxquels ils accordaient souvent une signification religieuse. Le développement de l'astronomie est allé de pair avec l'acquisition progressive de connaissances sur un monde dépassant les limites de la planète. Les astronomes ont examiné le ciel afin d'apporter des réponses aux questions qu'ils se posaient sur l'espace et les mouvements des planètes et des étoiles.

Le système ptolémaïque

Vers 150 apr. J.-C., Ptolémée, un astronome grec vivant à Alexandrie, en Egypte, a rédigé un traité essentiel connu sous le nom moderne d'*Almageste* («la plus grande œuvre», en arabe). Il y décrit un système de l'Univers dans lequel la Terre est stationnaire tandis que la Lune, le Soleil et les planètes tournent autour d'elle en décrivant des cercles, appelés orbites. Toutes les étoiles sont fixées à la surface d'une sphère en rotation. Cette conception, inspirée de l'œuvre d'Aristote (voir

Cette sphère en cuivre, conçue d'après les idées de Copernic, servait à calculer les positions des étoiles.

page 6), correspond à la théorie géocentrique («géo» signifiant «Terre» en grec). Elle a fait autorité en la matière pendant presque 1400 ans. Cependant, de nouveaux instruments plus performants ont été inventés pour étudier le ciel ; le savoir des astronomes s'est affiné et la théorie géocentrique de Ptolémée a peu à peu été réfutée.

Gravure médiévale représentant Ptolémée (v. 90-170 apr. J.-C.)

Des doutes s'élèvent

Le moine polonais Nicolas Copernic a étudié les mathématiques, la médecine et le droit, en Pologne et en Italie. Il est devenu chanoine de la cathédrale de Frauenburg (Pologne), où il s'est pris d'intérêt pour l'astronomie et a commencé à douter que la Terre puisse reposer au milieu de l'Univers. Dans son système, c'est au contraire le Soleil qui est au centre et les planètes, dont la Terre, tournent autour du Soleil en décrivant des orbites circulaires. C'est la théorie héliocentrique («hélio» signifiant «Soleil» en grec) de Copernic.

Copernic

(1473-1543)

Copernic a consigné sa théorie dans un livre intitulé *De revolutionibus orbium caelestium* («Au sujet des révolutions des sphères célestes»). Or, l'Eglise enseignait que la Terre était au cœur de l'Univers, conformément aux écrits de la Bible. C'est pourquoi Copernic, qui était un homme d'église, a décidé de ne pas publier son ouvrage par crainte d'être sévèrement critiqué et puni.

En 1543, peu de temps avant sa mort, Copernic a été obligé de publier son livre. Mais ses éditeurs ont ajouté à son insu une préface les protégeant des réactions de l'Eglise. Ce prologue spécifiait que le système proposé par Copernic ne correspondait pas à une vision réelle de l'Univers, que ce n'était qu'une théorie. Ceci a réduit l'impact du livre à sa publication. Mais bien qu'il contienne beaucoup d'idées que nous savons aujourd'hui être incorrectes, il n'en demeure pas moins une œuvre fondamentale sur laquelle s'appuieront plus tard des astronomes comme Kepler (voir ci-contre) et Galilée.

Gravure du système héliocentrique de l'Univers d'après Copernic

Une nouvelle étoile apparaît

Tycho Brahé est né à Skåne, au Danemark (aujourd'hui en Suède). C'était un bagarreur ; il a d'ailleurs eu la moitié du nez coupée lors d'un duel. A l'université de Copenhague où il étudiait, il s'est pris d'intérêt pour l'astronomie.

En 1572, les astronomes ont remarqué une nouvelle étoile dans le ciel (probablement une supernova, une étoile qui explose). D'après les calculs de Brahé, cette étoile se trouvait au-delà de la Lune, ce qui contredisait la théorie aristotélicienne selon laquelle seule la partie du ciel située entre la Terre et la Lune pouvait changer.

L'observatoire de Brahé, à Hveen

Dessin de l'époque de Brahé montrant la supernova de 1572

Un observatoire sur une île

En 1574, Brahé a fait construire un observatoire à Hveen, une île de la mer Baltique, que lui avait octroyée le roi Frédéric II du Danemark. En 1577, il a observé une comète (voir page 23) qui se déplaçait parmi les planètes situées au-delà de la Lune. De nouveau, ceci tendait à prouver qu'il y avait bien des changements dans le ciel. Si ses découvertes s'opposaient à la conception d'Aristote sur plusieurs points fondamentaux, Brahé n'en acceptait pas pour autant la conception de Copernic, parce qu'elle allait à l'encontre des préceptes de l'Eglise. Il a donc proposé un compromis : un système selon lequel les planètes tournent autour du Soleil, qui tourne lui-même autour de la Terre, immobile au centre de l'Univers.

A la mort de Frédéric en 1588, la famille royale du Danemark a décidé de ne plus subvenir à l'entretien de l'observatoire de Hveen. L'année suivante, Brahé partait pour Prague, où il a passé le reste de sa vie à travailler en tant qu'astronome.

Tycho Brahé (1546-1601)

Médaillon commémorant la grande comète de 1577

De nouvelles théories

L'astronome allemand Johannes Kepler a enseigné les mathématiques à Graz, en Autriche, avant de partir pour Prague et de devenir l'assistant de Brahé. A sa mort, ce dernier lui a confié ses découvertes astronomiques, lui demandant de prouver que les théories de Copernic étaient erronées.

Kepler a travaillé des années sur les orbites des planètes, mais les informations qu'il accumulait ne semblaient correspondre ni à la théorie de Brahé ni à celle de Copernic ! Pour Kepler, si les planètes tournent effectivement autour du Soleil, elles ne le font pas selon une trajectoire circulaire parfaite mais plutôt selon une orbite elliptique. De

Johannes Kepler (1571-1630)

plus, il a remarqué que la vitesse des planètes varie au cours de leur déplacement en fonction de leur distance par rapport au Soleil. Ces idées constituent le fondement des trois lois de Kepler sur le mouvement planétaire. Il a aussi compris que le Soleil a une grande influence sur le mouvement des planètes.

Kepler a publié un grand nombre de ses théories dans ses ouvrages intitulés *La Nouvelle Astronomie* (1609) et *Epitome de l'astronomie copernicienne* (1621). A l'époque, peu de gens ont entrevu la signification de ses idées, mais ses écrits ont influencé beaucoup d'astronomes. Newton s'est servi des lois de Kepler quand il a formulé ses théories sur la gravité (voir page 22).

Comprendre le corps humain

Au cours du Moyen Age, le savoir médical européen dépendait encore des travaux de Galien et des premiers médecins (voir pages 8-9). Cependant, au XIIe siècle, avec la traduction latine des textes médicaux grecs et arabes, de nouvelles idées commencèrent à atteindre l'Europe occidentale. Les médecins et les spécialistes se mirent à douter des théories des Anciens et plus tard, ils les remplacèrent par leurs propres théories.

Une personnalité flamboyante

Aureolus Philippus Theophrastus Bombastus von Hohenheim, autrement dit Paracelse, naquit près de Zurich, en Suisse. Il étudia à l'université de Ferrare, en Italie, puis travailla en tant que chirurgien dans l'armée. Paracelse était un homme violent qui se disputait même avec ses meilleurs amis. Il faisait

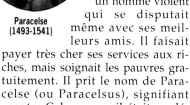

Paracelse (1493-1541)

payer très cher ses services aux riches, mais soignait les pauvres gratuitement. Il prit le nom de Paracelse (ou Paracelsus), signifiant «contre Celsus», car il était en désaccord complet avec le médecin romain Celsus et les autres médecins traditionnels.

Un médecin infatigable

En 1527, Paracelse devint professeur de médecine à l'université de Bâle, où il fut aussi médecin. Il se querella de nombreuses fois avec les autorités médicales et après avoir brûlé publiquement des livres écrits

Illustration du XVIe s. montrant Paracelse en conférence

par Galien et Avicenne, il dut s'exiler. Jusqu'à sa mort, en Autriche, il parcourut l'Europe sans jamais séjourner plus de deux ans au même endroit.

Paracelse ne croyait pas à l'antique conception grecque que la

Ce dessin représente Paracelse en pleine opération chirurgicale.

maladie était causée par un déséquilibre entre les quatre fluides du corps (voir page 9). Au contraire, il pensait qu'elle était due à un poison pénétrant le corps. Parfois, il soignait ses malades avec des remèdes qui provoquaient en eux les mêmes symptômes que ceux de la maladie. C'était une des premières formes d'homéopathie, une méthode qui prétend guérir le corps en renforçant ses défenses naturelles.

Un grand anatomiste

André Vésale naquit à Bruxelles. Il était le fils d'un apothicaire (pharmacien) du Saint Empereur romain, Charles Quint. Il fit ses études à Louvain (de nos jours, en Belgique), puis à l'université de Paris, mais la guerre le força à revenir à Louvain. Très intéressé par l'anatomie humaine, la science de la structure du corps, il chercha à en apprendre davantage et à pratiquer des dissections (découper des cadavres). Comme à l'époque elles étaient interdites par la loi, il dut parfois piller des tombeaux pour prendre un cadavre ou descendre le corps d'un pendu d'une potence. En 1537, il s'inscrivit à l'une des écoles médicales les plus célèbres d'Europe, celle de Padoue, en Italie, mais ses connaissances étaient si étendues qu'on lui

accorda son diplôme de docteur au bout de deux jours d'examens. Il fut ensuite nommé maître-assistant en anatomie. Plus tard, il devint médecin de Charles Quint. Mais, en 1564, alors qu'il revenait sur Madrid après un pèlerinage à Jérusalem, son navire fit naufrage et il périt noyé.

L'œuvre de Galien est remise en cause

Pendant son séjour à Padoue, Vésale pratiqua lui-même autant de dissections qu'il lui était possible, aussi bien sur des cadavres d'animaux que sur des cadavres humains. Pour enseigner à ses élèves, il possédait de grands diagrammes anatomiques qui lui servaient de guides. Ses diagrammes étaient encore basés sur les théories de Galien. Vésale découvrit peu à peu qu'il y avait

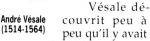

André Vésale (1514-1564)

beaucoup de différences entre la conception de Galien et ses propres dissections. Dès 1539, il fut capable de prouver que les descriptions de Galien s'appliquaient davantage au corps du singe qu'à celui de l'homme. En 1543, il publia un des plus grands ouvrages scientifiques ayant jamais été écrit, intitulé *La Structure du corps humain*. Il donnait ainsi à l'anatomie le statut de science académique, et au XVIIe siècle, les théories de Vésale furent acceptées presque partout en Europe.

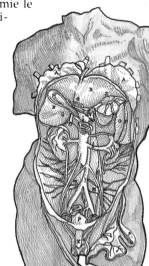

Dessin tiré de *La Structure du corps humain*

Illustration des muscles corporels tirée de *La Structure du corps humain*

Un médecin royal

William Harvey naquit à Folkestone, en Angleterre. Après avoir étudié les arts et la médecine à l'université de Cambridge, il alla à Padoue poursuivre ses études avec un célèbre professeur d'anatomie, Fabricius (d'Acquapendente). En 1602, il revint à Londres et s'établit comme médecin. En 1609, il exerça au St Bartholomew's Hospital de Londres, puis fut nommé médecin du roi Jacques Ier en 1618 et plus tard, médecin du roi Charles Ier. Durant la guerre civile anglaise (entre royalistes et parlementaires), ce fut un royaliste convaincu.

William Harvey
(1578-1657)

Une nouvelle théorie de la circulation

En 1628, Harvey publia *De motu cordis* («Au sujet du mouvement du cœur et du sang»), dans lequel il élaborait ses théories sur la circulation du sang dans le corps. C'était l'aboutissement de ses nombreuses observations.

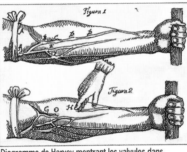

Diagramme de Harvey montrant les valvules dans les veines

A cette époque, la plupart des médecins croyaient encore à la conception de Galien selon laquelle le sang communiquait d'un côté du cœur à l'autre par de petits orifices. Harvey, se basant sur ses propres expériences, introduisit un nouveau concept : le sang part du cœur par les artères et revient au cœur par les veines. Fabricius avait trouvé des valvules dans les veines, mais n'avait pas compris leur fonction. Harvey, lui, réalisa que les valvules dans les grosses veines dirigent le sang vers le cœur et que les valvules du cœur lui permettent de circuler dans tout le corps, des poumons au côté droit et du côté gauche au reste du corps. Il découvrit aussi que le cœur agit comme une pompe pour faire circuler le sang.

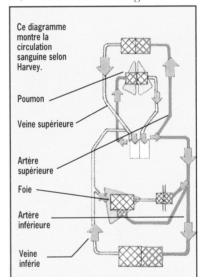

Ce diagramme montre la circulation sanguine selon Harvey.

Poumon

Veine supérieure

Artère supérieure

Foie

Artère inférieure

Veine inférie

Dernière question

La découverte de Harvey était une déduction brillante basée sur l'observation. Mais, il restait encore un dernier point d'interrogation : comment le sang qui quitte le cœur par les artères entre-t-il dans les veines ? Harvey supposa que de minuscules vaisseaux cardiaques relient les veines et les artères, mais il ne put le prouver. Il fallut attendre 1661 et l'italien Marcello Malpighi (1628-1694) pour répondre à cette question. C'est en effet en examinant des poumons de grenouille sous un microscope qu'il trouva ces minuscules vaisseaux, appelés capillaires.

La science pendant la Renaissance

Au XIVe siècle, en Europe, débuta une période appelée Renaissance qui allait durer environ 200 ans. Pendant la Renaissance, les gens redécouvrirent les arts et les enseignements de la Grèce et de la Rome antiques et développèrent de nouvelles idées sur le monde autour d'eux. Ils commencèrent à regarder les choses d'un œil plus critique. Dans tous les domaines, l'observation et l'expérience prirent de l'importance. Ils se mirent aussi à contester la conception aristotélicienne établie à l'époque, qui associait les philosophies grecque et chrétienne (voir page 12).

L'homme universel

Au cours de la Renaissance, beaucoup de penseurs croyaient à l'idéal d'un «homme universel», qui combinerait une vaste gamme de talents et d'intérêts. Leonardo da Vinci, dit Léonard de Vinci, à la fois peintre, sculpteur, musicien, architecte, savant et inventeur de génie représentait l'exemple type de cet homme idéal.

Né près de Florence, Léonard était le fils d'un notaire (Pietro da Vinci). Son père, remarquant très tôt ses dons artistiques,

Léonard de Vinci (1452-1519)

l'envoya travailler à l'atelier du peintre Andrea del Verrochio. Bien qu'il n'achevât qu'un nombre assez restreint de tableaux, Léonard est aujourd'hui reconnu comme l'un des plus grands artistes du monde. *La Joconde*, peinte en 1503, est son œuvre la plus célèbre.

Les carnets de Léonard

Léonard disséqua environ 30 cadavres humains (une pratique illégale à l'époque) et rendit compte de ses observations anatomiques par des dessins beaucoup plus précis que tout ce qui avait été fait jusque-là. Il étudia la propriété de la lumière et le mouvement de l'eau. Ses carnets sont remplis de croquis d'appareils mécaniques, dont certains de machines volantes. Nous savons maintenant que beaucoup de ces appareils ne peuvent pas fonctionner, mais ils prouvent à quel point Léonard savait combiner une observation minutieuse à une imagination puissante.

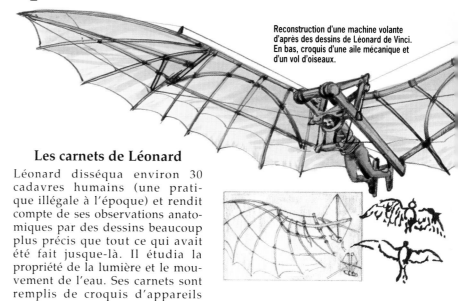

Reconstruction d'une machine volante d'après des dessins de Léonard de Vinci. En bas, croquis d'une aile mécanique et d'un vol d'oiseaux.

Esquisses de diverses caractéristiques anatomiques d'après Léonard de Vinci

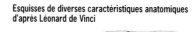

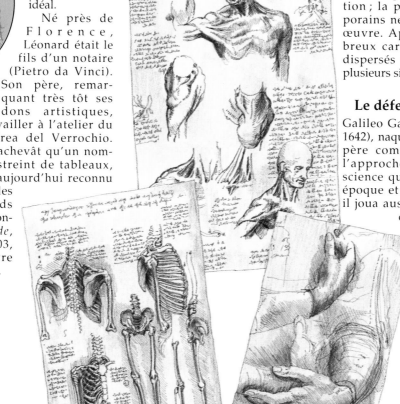

Les dernières années de Léonard

A partir de 1483, Léonard travailla à Milan comme inspecteur des fortifications, puis à Florence comme ingénieur militaire. En 1507, il partit pour Amboise, en France, où il passa le reste de sa vie.

En dépit de son génie créatif, l'œuvre de Léonard influença peu les progrès de la science. Il étudiait pour sa propre satisfaction ; la plupart de ses contemporains ne connaissaient pas son œuvre. Après sa mort, ses nombreux carnets et croquis furent dispersés et disparurent pendant plusieurs siècles.

Le défenseur de Copernic

Galileo Galilei, dit Galilée (1564-1642), naquit à Pise, en Italie, d'un père compositeur. Pionnier de l'approche expérimentale de la science qui se développait à son époque et professeur talentueux, il joua aussi un rôle vital en tant qu'ardent défenseur de Copernic, selon lequel la Terre tourne autour du Soleil (voir page 14).

A 17 ans, il s'inscrivit à l'université de médecine de Pise.

Et c'est dans la cathédrale de Pise, alors qu'il assistait à un office religieux, qu'il fit l'observation suivante : remarquant que le lustre se balançait dans le vent, il prit son pouls pour chronométrer le mouvement et découvrit alors que même lorsque les oscillations diminuent lentement, elles s'exécutent dans des intervalles de temps égaux. Il en conclut qu'on peut utiliser des pendules pour mesurer le temps. Cette conception fut à l'origine des premières horloges mécaniques.

Galilée quitta Pise pour continuer son travail en mécanique et en mathématiques, mais il y retourna plus tard comme professeur de mathématiques. Les expériences de Galilée réfutaient chaque jour un peu plus la plupart des théories aristotéliciennes sur l'organisation de l'Univers (voir page 6).

«Et pourtant, elle se meut!»

Après avoir entendu parler de l'invention du télescope aux Pays-Bas, Galilée conçut et fabriqua lui-même quelques modèles plus puissants. En 1610, il publia ses observations sur les étoiles et les planètes dans un livre qui devint très populaire et influent, *Le Messager sidéral*. Il y parle de montagnes sur la Lune et de taches noires qui se déplacent parfois à la surface du Soleil. Il montre aussi que certaines planètes, comme Jupiter, possèdent leurs propres petites planètes qui leur tournent autour. Il y explique comment employer le télescope. Mais surtout, il soutient la conception copernicienne qui affirme que la Terre tourne autour du Soleil, qui lui est immobile.

En 1632, Galilée publia son *Dialogue concernant les deux principaux systèmes du monde*. Le livre résume ses observations et fut reconnu comme un chef-d'œuvre dans toute l'Europe, sauf en Italie, où il se heurta aux dogmes de l'Eglise, soutenant la conception traditionnelle qui veut que la Terre repose au centre du système solaire.

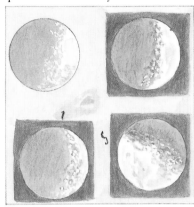

Peintures de Galilée représentant la surface lunaire

En 1633, Galilée fut déclaré coupable d'hérésie (opinion religieuse contraire aux principes de l'Eglise) devant un tribunal ecclésiastique de Rome, l'Inquisition. On le menaça de torture s'il ne reniait pas publiquement que la Terre tourne autour du Soleil. Apparaissant vieux et fatigué devant le tribunal, il abjura et on lui ordonna de se retirer à la campagne pour le reste de ses jours. On dit qu'en quittant la salle, il murmura : «Et pourtant, elle se meut!». Galilée croyait encore à sa théorie.

Le philosophe des mathématiques

Les idées de René Descartes influencèrent grandement les mathématiques comme la philosophie. Breton d'origine, fils d'un homme de loi, en 1628 il partit pour les Pays-Bas, où l'Eglise protestante admettait mieux les nouvelles idées. Il y travailla pendant les vingt années suivantes.

Une des plus importantes contributions que Descartes fit à la philosophie fut le concept du doute. Pour lui, il était inacceptable de croire les sources de savoir bibliques et classiques sans se poser de questions. Il déclara que son existence était la seule chose dont il était sûr : *Cogito, ergo sum* («Je pense, donc je suis»). Dans son livre scientifique majeur, intitulé *Principes de philosophie*, il prétend que le mouvement de l'Univers peut être décrit en termes de particules mouvantes de tailles variées.

René Descartes (1596-1650)

Dessin de Descartes montrant l'Univers rempli de tourbillons de matière

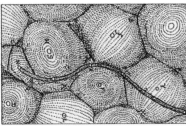

Descartes posa les fondements des mathématiques des coordonnées, un système selon lequel des quantités différentes, comme l'âge et la hauteur, peuvent être reliées l'une à l'autre dans des graphiques ou des diagrammes. Ses idées sur la structure de l'Univers eurent beaucoup d'influence, même si plus tard Newton les remettra en question (voir page 22).

Deux des télescopes de Galilée

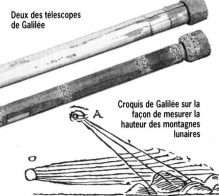

Croquis de Galilée sur la façon de mesurer la hauteur des montagnes lunaires

Les sociétés scientifiques

A partir du milieu du XVIIe siècle, on a pris l'habitude de se réunir régulièrement en groupes dans certaines villes d'Europe, comme Londres, Florence, Oxford et Paris, et de discuter d'expériences et d'idées scientifiques. Ces habitués étaient surtout des gens fortunés qui faisaient des expériences chez eux et voulaient partager leurs découvertes avec d'autres. Ces rencontres informelles se transformèrent bientôt en sociétés scientifiques. Durant les siècles suivants, ces premières sociétés, souvent aidées par

Armoiries de la Royal Society, la plus ancienne société scientifique

l'intérêt grandissant des gouvernements pour la science, se développèrent et devinrent influentes. En partie grâce à cette influence, la science s'est peu à peu spécialisée en diverses matières (géologie, astronomie, par exemple), et beaucoup de gens ont fait de la recherche scientifique une activité professionnelle rémunérée.

On croit à l'expérimentation

Francis Bacon, fils d'un courtisan du roi Henri VIII d'Angleterre, a reçu la formation d'avocat avant de se consacrer finalement à la politique sous le règne d'Elizabeth Ire. En 1617, le roi Jacques Ier l'a nommé Grand Chancelier d'Angleterre, mais en 1621, convaincu de corruption, il a été démis de ses fonctions et banni de la cour royale.

Francis Bacon
(1561-1626)

Bacon a écrit plusieurs livres et essais sur sa conception des méthodes scientifiques; il estimait primordial de résoudre les problèmes scientifiques en faisant appel aux expériences.

Dans son ouvrage, *Novum organum*, il soutient que l'expérimentation et l'observation soigneusement menées conduiront à des découvertes scientifiques et à des théories nouvelles. Pour lui, les savants devraient recueillir faits et chiffres sur chaque sujet et à partir du plus grand nombre de sources possible. En 1627, il publia son dernier livre, la *Nouvelle Atlantide*, qui décrit sa vision d'un monde dans lequel les savants se consacreraient à améliorer la vie de tous dans la communauté.

Bacon n'a conduit aucune expérience scientifique lui-même, pourtant ses idées ont eu beaucoup d'influence pendant de nombreuses années. Durant le XVIIe siècle, ses écrits et sa philosophie de l'expérimentation ont stimulé toute l'Europe; de nouvelles organisations scientifiques se sont créées.

La Royal Society

L'établissement de la Royal Society à Londres a beaucoup compté, car pour la première fois un endroit où se réunir était offert à la communauté scientifique. Les membres n'étaient dorénavant plus des individus isolés; ils appartenaient à un groupe social leur permettant de discuter de leurs dernières expériences.

Fondée en 1662, au commencement du règne de Charles II, la Royal Society a reçu le soutien personnel du roi, qui lui a accordé une charte royale soulignant les buts de la société et lui octroyant

Cette gravure représente le Gresham College, un collège scientifique fondé en 1596, précurseur de la Royal Society.

Chartre accordée par Charles II à la Royal Society

certains droits. Les membres fondateurs étaient surtout des médecins, des philosophes et d'importants fonctionnaires. L'architecte Christopher Wren et l'écrivain Samuel Pepys en faisaient partie. La Royal Society existe encore de nos jours: c'est un forum essentiel pour les idées.

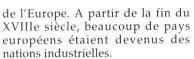

Illustration publiée par l'Etat français au XVIIe s. et montrant Louis XIV en visite à l'Académie royale des sciences.

L'Académie royale des sciences

Fondée à Paris, en 1666, l'Académie royale des sciences, bien que largement inspirée de la Royal Society, était très différente de son homologue anglais. Le roi Louis XIV était désireux de mettre la science à son service afin d'accroître son pouvoir personnel et son influence. Il s'intéressa donc très près au fonctionnement de l'Académie.

L'adhésion y était strictement limitée à ceux qui s'étaient montrés excellents d'un point de vue

Lentille géante brûlante fabriquée et utilisée par Lavoisier (voir page 30) dans ses expériences à l'Académie royale des sciences.

académique et qui avaient reçu l'aval du Roi. Cependant, contrairement aux membres de la Royal Society qui ne recevaient pas de salaire, les académiciens français étaient rémunérés par l'Etat. Cela marqua le début d'un âge où les scientifiques étaient des fonctionnaires.

L'Académie produisit un travail scientifique d'excellente qualité, surtout dans la seconde moitié du XVIIIe siècle. Mais à cause de ses liens avec la monarchie, elle fut abolie durant la Révolution française. Elle sera remplacée par l'Institut de France, fondé par Napoléon.

Des sociétés de spécialistes en Grande-Bretagne

Avant que les études scientifiques ne deviennent courantes dans les universités de la seconde moitié du XIXe siècle, les savants discutaient plutôt de leurs idées dans des sociétés de gens érudits. Les membres venaient de milieux divers ; ils étaient industriels, chimistes, médecins. Cette interaction de gens et de talents différents contribua à la révolution industrielle, qui apparut plus tôt en Grande-Bretagne que dans le reste

de l'Europe. A partir de la fin du XVIIIe siècle, beaucoup de pays européens étaient devenus des nations industrielles.

Les sociétés de spécialistes, comme la Société linéenne (biologie et histoire naturelle) en 1788, la Société de Géologie en 1807 et la Société d'Astronomie en 1831, naquirent à Londres. Elles devinrent vite des organisations professionnelles avec leur propre revue et un nombre limité de membres.

L'Allemagne du XIXe siècle

Justus von Liebig fut l'un des plus grands chimistes du XIXe siècle. Né en Allemagne, fils de chimiste, il partit pour Paris en 1822 afin d'étudier la chimie. Il visita les laboratoires français et fut très impressionné par le niveau de la chimie française. De retour en Allemagne, il créa son propre laboratoire de recherches en 1824 à l'université de Giessen, où il encouragea davantage le travail en équipe que l'individualisme.

Le laboratoire de Liebig était l'un des mieux équipés d'Europe. Liebig inventa un condensateur, un appareil de refroidissement qui transforme les gaz en liquide. Son travail influença le développement des industries germaniques, particulièrement celles qui produisaient des teintures et des médicaments. Au XIXe siècle, les universités allemandes devinrent des lieux de recherches scientifiques qui servaient de modèle aux nouvelles universités de par le monde.

Justus von Liebig (1803-1873)

Bouteilles de teintures artificielles, produites en Allemagne au XIXe s.

21

Les expériences scientifiques

De nos jours, l'expérimentation est l'une des principales activités du scientifique, mais ceci n'a pas toujours été le cas. Pendant des siècles, les idées scientifiques sont restées tributaires de la religion et de la philosophie. A la fin du XVIIe siècle, les savants ont toutefois commencé à mettre en avant l'expérimentation en tant que moyen valable d'accès à la connaissance. Ils ont examiné le monde naturel sous un nouvel angle, en testant de nouveaux instruments et des concepts modernes. Leurs méthodes et les résultats obtenus ont formé la pensée scientifique occidentale.

Physicien et mathématicien

Isaac Newton, l'un des scientifiques les plus célèbres au monde, est né dans une famille de fermiers du Lincolnshire, en Angleterre. Il est allé à l'université de Cambridge en 1661 pour y étudier les mathématiques. Il a reçu son diplôme en 1665, l'année de la Grande Peste. Quand la peste a atteint Cambridge, l'université a fermé et Newton est revenu dans le Lincolnshire.

La demeure de Newton dans le Lincolnshire

De retour à l'université en 1667, il y est devenu professeur de mathématiques en 1669. Plus tard, il partira pour Londres et deviendra président de la Royal Society (voir page 20) de 1703 à sa mort.

Isaac Newton
(1642-1727)

Mouvement et gravité

Pendant son séjour dans le Lincolnshire, Newton a été très productif mais ce n'est qu'en 1687 que les résultats de son travail ont paru sous la forme d'un livre, connu sous le nom de *Principia* (le titre complet, traduit du latin, est «Principes mathématiques de la philosophie naturelle»).

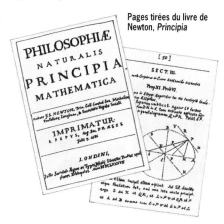

Pages tirées du livre de Newton, *Principia*

Le premier volume incluait ses trois lois du mouvement et sa théorie de la gravitation. On dit que son attention sur les lois de la pesanteur aurait été éveillée en voyant tomber une pomme à ses pieds. Il aurait alors remarqué qu'il existe une force entre la Terre et tous les objets qui fait qu'ils s'attirent mutuellement. La Terre attire les choses vers elle sous l'action de la gravité.

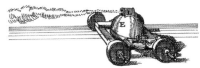

Appareil conçu par Newton pour illustrer sa Troisième Loi du Mouvement

Grâce à des calculs mathématiques, Newton a été capable de résoudre le vieux problème du mouvement des planètes dans l'espace. Il a démontré que, de la même manière que la pomme est attirée vers la Terre, les planètes sont attirées autour du Soleil par la gravitation. Il donnait ainsi raison à Kepler et à ses lois sur le mouvement planétaire (voir page 15), basées sur l'observation. Newton a étendu l'attraction terrestre à l'Univers entier - la Terre comme les étoiles et les planètes - et a découvert le principe de la gravitation universelle, qui domine la pensée scientifique encore de nos jours.

Expériences sur la lumière

En 1704, Newton a publié un autre livre, le célèbre *Opticks*, qui traite de ses expériences sur la lumière. Dans l'une de ces expériences, il a dirigé un rayon de lumière solaire à travers un prisme en verre dans une chambre noire. Il a remarqué que la lumière se décomposait alors selon les différentes nuances du spectre, allant du violet au rouge.

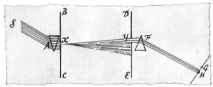

Croquis de Newton sur ses expériences sur la lumière

L'expérience de Newton prouvait que la lumière solaire n'est pas blanche : c'est un mélange de violet, indigo, bleu, vert, jaune, orange et rouge.

Dessin humoristique du XVIIIe s. sur les Lois de la gravité

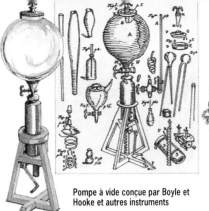

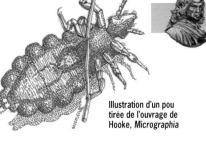

Illustration d'un pou
tirée de l'ouvrage de
Hooke, *Micrographia*

Pompes et pression

Robert Boyle, quatorzième enfant du comte de Cork, est né dans le château familial de Lismore, en Irlande. Il est allé à l'école en Angleterre, puis a voyagé à travers l'Europe, accompagné de ses tuteurs. C'est en Europe qu'il a lu pour la première fois les œuvres de Galilée (voir page 18), qui l'influenceront beaucoup.

En 1654, alors qu'il était à l'université d'Oxford, Boyle s'est intéressé aux recherches européennes sur la nature du vide. Pour cela, il a travaillé sur un «vacuum», un espace fermé dont toute matière, y compris l'air, avait été enlevée. En 1658, avec l'aide de Robert Hooke (voir ci-dessous), il a conçu et fabriqué une nouvelle sorte de pompe à air. Les deux scientifiques s'en servirent pour créer le vacuum en pompant l'air enfermé dans un globe de verre. Ce dispositif était surtout employé pour les recherches sur l'air et la pression de l'air et pour étudier comment les animaux et les plantes respirent.

Robert Boyle
(1627-1691)

Théorie atomique de la matière

Les travaux de Boyle sur l'air et les gaz lui ont permis de formuler une loi qui décrit la relation entre le volume d'un gaz et sa pression. Il démontra que si une certaine quantité de gaz est emmagasinée à une température constante et si la pression exercée sur elle est doublée, son volume est alors réduit de moitié.

Cette illustration montre une des expériences de Boyle sur la pression des liquides.

Pompe à vide conçue par Boyle et Hooke et autres instruments

En 1661, Boyle a publié un livre appelé *Le Chimiste sceptique*. Il y concluait, entre autres, que si l'air peut être comprimé, c'est qu'il doit être composé de minuscules particules. Il en déduisait que tout doit être constitué de «particules primaires», qui peuvent s'assembler pour former des «corpuscules» de plus grande taille. En fait, il décrivait déjà ce que les scientifiques d'aujourd'hui nomment atomes et molécules (ces termes ne seront introduits que plus tard par Dalton et d'autres, voir page 31).

Un génie de la mécanique

Robert Hooke (1635-1703) était un expérimentateur hors pair. De plus, il a inventé de nombreux instruments. Né sur l'île de Wight, au large de la côte sud de l'Angleterre, il a rencontré Robert Boyle à l'université d'Oxford et est devenu son assistant.

Hooke est parti pour Londres en 1660 et, deux ans plus tard, il a été nommé conservateur des expériences à la Royal Society. En 1665,

Microscope composé de Hooke

il a publié *Micrographia*, un ouvrage contenant des illustrations de certains des spécimens qu'il avait réussi à observer au microscope (instrument grossissant). Il y décrivait aussi plusieurs des instruments qu'il avait conçus, dont le microscope composé, qui était beaucoup plus précis que les premiers microscopes.

Le retour de la comète Halley

Edmond Halley (1656-1742) était le fils d'un homme d'affaires londonien. Son travail expérimental en astronomie et en magnétisme a été marquant. Il s'est d'abord intéressé aux comètes (boules géantes de glace et de poussière qui se déplacent autour du système solaire), lorsque la Grande Comète est apparue en 1682.

La comète Halley est apparue aussi avant la bataille d'Hastings en 1066, comme le prouve cette tapisserie de Bayeux.

Appliquant la théorie de Newton sur la gravitation, Halley a remarqué que les orbites des planètes observées en 1531, 1607 et 1682 se ressemblaient beaucoup et que les comètes apparaissaient à intervalles réguliers. Il pensait qu'elles n'étaient en fait qu'une seule et même planète et il a prédit son retour pour 1758. Il avait raison et la comète a été nommée d'après lui. Le retour régulier de la comète Halley corrobore la notion newtonienne de l'Univers.

La classification du monde naturel

Même quand l'homme était encore un chasseur d'animaux sauvages et un cueilleur de plantes, il était conscient de la grande variété des créatures vivant sur Terre. Depuis les temps les plus reculés, il a cherché à organiser les différents types en groupes d'après leurs caractéristiques, afin de mieux les comprendre : c'est ce qu'on appelle la classification. Cependant, au cours des années, tant de nouvelles espèces ont été découvertes et identifiées qu'il a fallu d'autres systèmes de classification pour toutes les répertorier.

Page tirée d'une version arabe de la classification des animaux selon Aristote

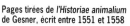

Pages tirées de l'*Historiae animalium* de Gesner, écrit entre 1551 et 1558

Edward Topsell traduisit en anglais l'œuvre de Gesner dans son *The Historie of Foure-footed Beastes* («L'histoire des bêtes à quatre-sabots»). Voir ci-dessus.

Un des premiers naturalistes

Dès l'âge de 21 ans, en 1537, le Suisse Konrad Gesner (1516-1565) a été nommé professeur de grec à la toute nouvelle Académie de Lausanne. Il a travaillé par la suite en tant que médecin à Zurich, où il est mort durant une épidémie de peste.

Gesner est célèbre pour son énorme compilation en cinq volumes intitulée *Historiae animalium* («Histoire des animaux»). Chaque créature, découverte par ses observations ou dans les livres, y était répertoriée alphabétiquement. Bien que son ouvrage comprît aussi des créatures mythiques comme le poisson-évêque, il n'en demeurait pas moins un pas décisif vers une nouvelle compréhension des animaux. Il y décrivait en détail l'apparence des animaux, ce qu'ils mangeaient et où ils vivaient.

La classification prend forme

L'un des développements les plus spectaculaires dans la classification a été apporté par John Ray, au XVIIe siècle. Né dans l'Essex, en Angleterre, son intérêt pour la botanique a été très tôt encouragé par sa mère, une herboriste médicale très connue. Ray a fait des conférences sur la botanique à l'université de Cambridge pendant plus de dix ans, mais en est parti pour des raisons religieuses. Il a alors fait le tour de l'Europe avec un biologiste du nom de Francis Willughby. En 1660, de retour en Angleterre, Ray a produit un catalogue botanique appelé *Plants Growing in the Neighbourhood of Cambridge* («Plantes des environs de Cambridge»).

John Ray (1627-1705)

Entre 1686 et 1704, Ray a écrit un énorme livre : *A General Account of Plants* («Compte rendu général sur les plantes»), qui décrivait 17 000 types de plantes. Dans son système de classification, les plantes étaient répertoriées d'après leurs fruits, leurs fleurs et leurs feuilles. Le système de Ray détaillait les particularités des plantes, puis les groupait selon leurs caractéristiques communes. Ainsi, on avait une idée claire de la façon dont elles s'apparentaient. Sa méthode l'emportait sur celle de Gesner qui s'était peu soucié de classer les animaux selon leurs caractéristiques.

Illustration tirée de l'ouvrage de Ray, *Flora of Britain*

Animaux du musée d'un naturaliste du XVIIe s.

La classification moderne

Le botaniste suédois Carl von Linné a fait des études de médecine à l'université de Uppsala, en Suède, et en a profité pour passer la majeure partie de son temps dans les jardins de l'université, où il a pu observer les plantes à loisir. Puis, il s'est installé à Leyde, aux Pays-Bas. Pendant les trois ans qu'a duré son séjour, il a publié un grand nombre d'ouvrages, dont *Systema naturae* («Le système de la nature»). Deux ans plus tard, il a écrit *Genera plantarum* («Le genre des plantes»).

Carl von Linné
(1707-1778)

Linné a travaillé à Uppsala de 1741 jusqu'à sa mort en 1778. D'abord nommé professeur de médecine, il est devenu professeur de botanique l'année suivante.

Page tirée de l'ouvrage de Linné, *Systema naturae*

En 1753, Linné a publié *Species plantarum*, qui est considéré aujourd'hui comme le point de départ du système moderne de la classification des plantes. Il y développait une méthode de classification appelée «nomenclature binomiale» (système binaire d'identification). C'est une méthode toujours en usage mais sous une forme modifiée.

Demeure de Linné, à Uppsala

Ce système binaire donne deux noms à chaque plante : le premier indique le genre, c'est-à-dire la famille à laquelle elle appartient ; le second indique l'espèce, c'est-à-dire son type spécifique au sein du genre. Par exemple, *Citrus limon* pour le citronnier ou *Citrus aurantium* pour l'oranger.

La publication de *Species plantarum* a rendu Linné célèbre dans toute l'Europe et a grandement influencé l'étude de l'histoire naturelle. A la mort de Linné, un de ses admirateurs anglais a expédié par bateau sa collection et ses papiers à Londres.

Linné était conscient de la différence entre les plantes sauvages et domestiques, pourtant il affirmait que l'univers était resté le même depuis que Dieu l'avait créé. Pour lui, chaque espèce d'animaux et de plantes était fixe et immuable. Buffon, quant à lui, n'était pas de cet avis.

Les fossiles prouvent le changement

Georges-Louis Leclerc, comte de Buffon, venait d'une riche famille des alentours de Dijon, en France. Très actif dans les cercles scientifiques, il a étudié les mathématiques et la botanique. En 1739, il a été nommé intendant en chef du jardin botanique royal de Paris (Le Jardin du Roi).

Buffon a rédigé deux livres essentiels : *Mémoires* (1737-1752), un traité scientifique sur une vaste quantité de sujets en mathématiques, astronomie et physique ; *Histoire naturelle* (1749-1788), en 36 volumes, une étude du monde naturel et une histoire de la Terre. Buffon pensait que les fossiles pouvaient fournir des preuves sur les espèces animales disparues.

Georges de Buffon
(1707-1788)

Chercheurs au Jardin du Roi

Contrairement à Linné, Buffon affirmait que les fossiles prouvent que le monde naturel n'est pas resté tel quel, mais qu'il a subi des changements au cours des années. Son *Histoire naturelle* est primordiale, car c'est le premier ouvrage qui suggère que les espèces se sont développées sur de longues périodes de temps. Mais, on est encore loin de la théorie de l'évolution (voir page 28).

D'après Buffon, les fossiles sont les preuves d'un changement.

25

L'âge de la Terre

Avant le XIXe siècle, la plupart des théories sur la Terre et son histoire se référaient aux comptes rendus de la Bible. Mais, peu à peu on découvrit des preuves qui attestèrent que la Terre était bien plus vieille que la Bible le laissait entendre: couches rocheuses (ou strates) plus anciennes que d'autres et fossiles d'animaux et de plantes disparus depuis. Les volcans et les tremblements de terre montrèrent que la surface de la Terre avait changé. Une nouvelle science, la géologie, se développa à mesure qu'on tentait de répondre à toutes les questions sur l'âge de la Terre. La géologie étudie les origines, la structure et l'histoire de notre planète.

Illustration du XVIe s. montrant Dieu créant le monde en six jours

La théorie neptunienne

Abraham Werner était issu d'une riche famille allemande qui entretenait des liens étroits avec les industries du fer et de la mine. Au début, il étudia le droit, qu'il abandonna pour la géologie. En 1775, à Freiberg (Saxe), il fonda un institut pour étudier les mines et la minéralogie. Il établit le premier système de classification des types de roches et de paysages reconnu mondialement.

Vers la fin du XVIIIe siècle, on pensait que la Terre avait été façonnée par l'action des volcans et des tremblements de terre, mais Werner avait une autre théorie. Pour lui, la Terre fut à une certaine époque recouverte par un immense océan, créé par le déluge dont parle la Bible. Puis, l'eau recula lentement, en laissant des couches rocheuses formées à partir des minéraux de l'eau : c'est la théorie neptunienne (d'après Neptune, le dieu romain de la mer). Une des conclusions essentielles de Werner était que ce processus a pris beaucoup de temps, environ un million d'années. Ceci influencera beaucoup le travail des géologues suivants.

Abraham Werner (1749-1817)

La théorie plutonienne

Bien qu'ayant suivi une formation de droit en Ecosse, puis obtenu un diplôme de docteur en médecine, James Hutton devint célèbre en tant que géologue. En 1795, il publia *The Theory of the Earth* («La Théorie de la Terre») qui ne tenait pas compte du déluge de la Bible. Pour lui, la Terre a évolué très lentement, sur des millions d'années, et continue d'évoluer. L'écorce terrestre a d'abord été érodée par des forces naturelles, comme le vent, les tremblements de terre et les volcans, puis la matière provenant de cette érosion a formé une couche qui a durci à la surface de la terre. Enfin, la chaleur au centre de la Terre a fait bouger les roches qui à leur tour ont formé les nouveaux continents. Il disait que ce cycle était constant et que la Terre se renouvelait sans cesse. C'est la théorie plutonienne (d'après Pluton, le dieu grec des enfers), qui encourage un nouvelle façon de penser. Si dans sa théorie neptunienne, la création du monde demande aussi un temps extrêmement long, Werner fait encore allusion au déluge de la Bible, tandis que dans sa théorie plutonienne, Hutton remet en question l'interprétation biblique de la création du monde.

James Hutton (1726-1796) recueillant des échantillons de roches

Une des premières illustrations d'une éruption du Vésuve (volcan du sud de l'Italie)

Les fossiles

Les fossiles sont des restes de plantes et d'animaux préservés dans les roches. Ils ont le même âge que la roche dans laquelle ils ont été trouvés. Certains peuvent être âgés de plus de 600 millions d'années. En étudiant de près les fossiles, il est possible de se représenter la vie sur Terre telle qu'elle existait il y a plusieurs millions d'années.

Promicroceras Lower Jurassic

Onnia Ordovician

Vesuvius

Un changement uniforme

Charles Lyell naquit en Ecosse. Il étudia le droit à l'université d'Oxford, puis s'intéressa à la géologie à l'âge de 21 ans. En 1831, il fut nommé professeur de géologie au King's College de Londres. On lui doit d'avoir donné à la géologie, alors un passe-temps pour riches amateurs, ses lettres de noblesse.

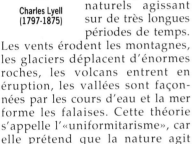

**Charles Lyell
(1797-1875)**

Lyell pensait que les caractéristiques géologiques étaient dues à des processus naturels agissant sur de très longues périodes de temps. Les vents érodent les montagnes, les glaciers déplacent d'énormes roches, les volcans entrent en éruption, les vallées sont façonnées par les cours d'eau et la mer forme les falaises. Cette théorie s'appelle l'«uniformitarisme», car elle prétend que la nature agit uniformément selon un modèle préétabli. Si cette théorie a d'abord été proposée de manière générale par Hutton, c'est surtout Lyell qui apporta les arguments les plus convaincants et qui l'étaya par des informations inexistantes à l'époque de Hutton. Cette théorie s'imposa peu à peu : c'est encore celle des géologues actuels.

Les supercontinents

Le météorologue (personne qui examine les phénomènes atmosphériques) allemand, Alfred Wegener, étudia aux universités de Berlin, Heidelberg et Innsbruck. En 1910, alors qu'il regardait une carte du monde, Wegener remarqua que la côte ouest de l'Afrique semble parfaitement s'adapter à la côte est de l'Amérique du Sud. A partir de là et en se servant des preuves apportées par les fossiles, il proposa sa théorie de la «dérive des continents». Autrefois, les deux continents étaient rassemblés et formaient un supercontinent, qu'il appela la Pangée. La Pangée s'est ensuite séparée et les continents actuels se sont formés à partir de ces morceaux.

A partir de 1960, on élargit la conception de Wegener pour établir la théorie de la «tectonique des plaques». L'écorce terrestre n'est plus une masse solide, mais plutôt un ensemble de plusieurs morceaux géants (appelés «plaques») portant les continents. Cette théorie décrit un processus sans fin : la roche en fusion peut remonter entre deux plaques jusqu'à la surface terrestre, où elle se solidifie ; ou alors, de la même manière, les bords de deux plaques glissent l'un sous l'autre et se liquéfient à nouveau. Dans le cas où deux plaques se heurtent, des tremblements de terre ont lieu tout le long du point d'impact.

La dérive des continents

Ces illustrations montrent comment la Pangée s'est peu à peu divisée pour donner les continents actuels.

Il y a 200 millions d'années — Afrique — Amérique

Il y a 65 millions d'années — Afrique — Amérique

Il y a 2 millions d'années — Afrique — Amérique

Selon la théorie de la dérive des continents, les continents de l'hémisphère Sud comme ceux de l'hémisphère Nord formaient autrefois un bloc géant. Sous l'action du mouvement de l'écorce terrestre, les continents se sont déplacés et se déplacent encore. Par exemple, toujours selon cette théorie, l'Afrique du Nord était autrefois recouverte par les glaces et se situait à la place qu'occupe actuellement le pôle Sud, qui lui était formé de forêts tropicales.

Dessins de Lyell représentant des coquillages fossiles

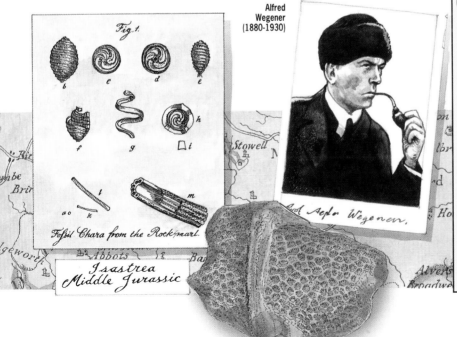

**Alfred
Wegener
(1880-1930)**

Les théories de l'évolution

Jusqu'à la fin du XVIIe siècle, on pensait en Europe que toutes les choses de la nature étaient restées exactement telles qu'elles avaient toujours été. On croyait que les espèces animales et végétales étaient immuables et telles que Dieu les avait créées. Cependant, au XVIIIe siècle, une quantité de preuves chaque jour plus consistante s'accumulait contre cette conception. On commença alors à dire que les caractères des plantes et des animaux avaient peut-être bien changé sur des périodes de temps très longues : c'est ce qu'on appelle l'évolution.

Premières idées sur l'évolution

Jean-Baptiste de Monet, chevalier de Lamarck, était le onzième et le plus jeune des enfants d'une famille française d'aristocrates pauvres. Sa vie fut difficile et il mourut aveugle, sans le sou et oublié. A l'âge de 16 ans, il rejoignit l'armée, qu'il quitta pour des raisons de santé. Le manque d'argent le forcera alors à travailler dans une banque et à abandonner son rêve d'une carrière dans la médecine.

Le chevalier de Lamarck (1744-1829)

Botaniste du Roi

A ses moments perdus, Lamarck entreprit d'étudier les plantes. Or, il était si doué qu'en 1781 il fut nommé Botaniste du Roi. Dix ans plus tard, après la Révolution française, il fut élu professeur de zoologie au nouveau Muséum d'histoire naturelle de Paris. Là, il donna des conférences, s'occupa des vitrines et organisa des expositions.

Remarquant des différences entre les fossiles et la forme moderne des animaux, Lamarck fut convaincu que les espèces animales et végétales n'étaient pas fixées une fois pour toutes, mais qu'au contraire elles

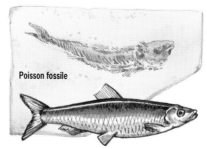

Poisson fossile

Poisson moderne

pouvaient changer d'une génération à l'autre. Cette conception n'était pas seulement influencée par les fossiles mais aussi par d'autres preuves géologiques qui suggéraient que la surface de la Terre avait évolué depuis sa création (voir page 26).

Le Jardin du Roi, à Paris, où Lamarck étudiait.

Lamarck concluait que, même au cours de leur vie, les caractères des animaux pouvaient subir des modifications leur permettant de s'adapter à leur environnement et que ces changements pouvaient se transmettre des parents aux enfants. Par exemple, il disait que le cou de la girafe pouvait grandir au cours de la vie de l'animal à force de se tendre pour atteindre les feuilles dans les arbres et que cela pouvait se transmettre à la génération suivante.

On sait aujourd'hui que cette théorie est fausse, bien que certains de ses aspects aient servi à la théorie de l'évolution présentée cinquante ans plus tard par Darwin et Wallace.

Une expédition en Amérique du Sud

Charles Darwin est né à Shrewsbury en Grande-Bretagne. Fils d'un éminent médecin, il suit des cours à l'école de Shrewsbury, puis étudie la médecine à l'université d'Edinburgh. Le sujet l'enthousiasme peu et sur l'insistance de son père, il part à l'université de Cambridge pour étudier la prêtrise. Là non plus, malgré un diplôme, le sujet ne lui plaît pas. En revanche, il s'intéresse beaucoup à la botanique et à l'entomologie

Charles Darwin
(1809-1882)

(l'étude des insectes). En 1831, un professeur de botanique, John Henslow, le remarque et lui trouve une place de naturaliste à bord d'un bateau en partance pour l'Amérique du Sud. Avant de s'embarquer, Darwin lit les ouvrages du géologue Charles Lyell (voir page 27). Il en est très impressionné et plus tard, l'influence de Lyell se fera sentir sur sa propre œuvre.

Page tirée d'un des carnets et Darwin

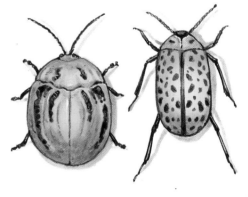

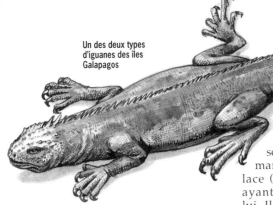

Un des deux types d'iguanes des îles Galapagos

Les découvertes de Darwin

L'expédition part donc pour cinq ans sur le HMS *Beagle*. Ses membres visitent le Brésil, l'Argentine, le Chili, le Pérou et les îles Galapagos, dix rochers au large de l'Equateur, dans l'océan Pacifique, renfermant chacun une vie sauvage particulière.

Dessins de Darwin représentant plusieurs types de pinsons des îles Galapagos

Pendant son voyage, Darwin amasse une immense collection de pierres et de fossiles ainsi que des échantillons de végétaux, d'oiseaux et d'animaux. Il prend aussi des notes très détaillées sur tout ce qu'il voit. Elles lui seront très utiles plus tard, surtout celles concernant les îles Galapagos, lorsqu'il formulera sa théorie de l'évolution.

Coléoptères collectés par Darwin lors de son expédition

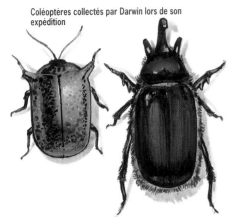

Le *Beagle* revient en Grande-Bretagne en octobre 1836 et Darwin passe les vingt années suivantes à rédiger son œuvre. En 1858, il reçoit un manuscrit écrit par Alfred Wallace (1823-1913), un scientifique ayant eu les mêmes idées que lui. Ils présentent donc leurs conceptions ensemble, bien que le rôle de Darwin semble avoir été plus important que celui de Wallace.

En 1859, Darwin publie *On the Origin of the Species by Means of Natural Selection* («De l'origine des espèces au moyen de la sélection naturelle») qui expose ses théories sur l'évolution. Le livre connaît un succès immédiat mais fait aussi scandale, car il remet en question les croyances traditionnelles sur le commencement de la vie sur Terre. Une des idées les plus révolutionnaires du livre est celle qui avance que toutes les créatures vivantes ont évolué sur plusieurs millions d'années. Cette conception contredisait les préceptes bibliques selon lesquels le monde aurait été créé en six jours et n'aurait pas changé depuis. Aujourd'hui, la plupart des scientifiques acceptent une forme de la théorie darwinienne pour expliquer les changements biologiques, mais la théorie en elle-même est sans cesse réactualisée. Certaines personnes s'opposent encore au darwinisme pour des motifs religieux.

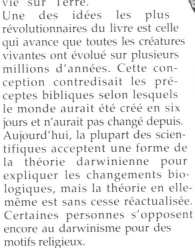

Caricature de Darwin et de sa théorie selon laquelle

La sélection naturelle

Darwin avait compris que les organismes doivent rivaliser pour se nourrir et s'abriter. Il avait remarqué qu'à l'intérieur de chaque espèce certains individus naissent avec des caractères qui par hasard les rendent plus aptes à survivre que d'autres. Leurs descendants héritent de ces caractères, qui peu à peu deviennent plus courants. Ceux qui ne les possèdent pas sont davantage susceptibles de mourir. Ainsi, sur plusieurs générations, l'espèce entière parvient à s'adapter à son environnement. Ce processsus, appelé sélection naturelle, est parfaitement illustré par la phalène du bouleau et son adaptation aux changements dans l'environnement depuis le XIXe siècle.

D'abord, les phalènes étaient argentées et se confondaient parfaitement avec le tronc clair des bouleaux. Mais, à cause de la pollution, les troncs s'assombrirent. Les oiseaux pouvaient alors repérer plus facilement les phalènes et s'en nourrir. Certains individus, naturellement plus sombres, donc moins visibles, survécurent plus longtemps et se reproduisirent. Ils transmirent leur caractère à leurs descendants et l'espèce entière devint foncée.

Phalène du bouleau argentée

Les phalènes du bouleau noires se confondent avec le milieu sombre.

La chimie moderne

La chimie étudie les substances composant le monde qui nous entoure. Elle trouve ses origines dans l'alchimie (voir page 10). Or, cette ancienne pratique entretenant des liens étroits avec la magie et la superstition n'est pas vraiment considérée comme une discipline scientifique à part entière. La chimie a aussi des racines dans l'industrie, celle de la sidérurgie et de la fabrication des médicaments, par exemple. Avec le développement de l'expérimentation et de la recherche, la chimie est devenue une science moderne.

Expérimentation dans un laboratoire du XVIe s.

L'étude des réactions chimiques

En 1756, un expérimentateur écossais du nom de Joseph Black (1728-1799) fit une étude importante sur une réaction chimique (changement apparaissant quand se forme une nouvelle substance). Il découvrit en effet que lorsqu'on chauffe du carbonate de magnésie, celui-ci perd du poids. Il en conclut que cette substance libère un gaz au cours du processus de chauffage. Il appela ce gaz l'«air fixe». Nous le connaissons de nos jours sous le nom de gaz carbonique.

Un gaz nouveau

Joseph Priestley naquit dans le Yorkshire, en Grande-Bretagne. Il reçut une formation de ministre du Culte, mais montra un intérêt croissant dans la recherche scientifique, ce qui le conduisit d'abord à la célébrité, puis à l'exil. Des pressions politiques l'obligèrent en effet à s'expatrier aux Etats-Unis, en 1791. En 1774, il découvrit que lorsqu'on chauffe de l'oxyde de mercure, il y a libération d'un gaz. Si l'on place une bougie allumée dans ce gaz, la flamme brille alors plus intensément. A l'époque, beaucoup de scientifiques croyaient que quelque chose qui brûlait perdait une substance, appelée phlogiston (du mot grec *phlox*, signifiant «flamme»). Priestley nomma ce gaz l'«air déphlogistiqué», car il semblait perdre du phlogiston. Il venait en réalité d'identifier l'oxygène.

Joseph Priestley (1733-1804)

Caricature de la fin du XVIIIe s. montrant le «Docteur Phlogiston»

Le fondateur de la chimie moderne

Antoine Lavoisier (1743-1794) naquit à Paris. Il reçut une formation de juriste, mais s'intéressa davantage à la science. Pour financer ses recherches scientifiques, il dut travailler en tant que collecteur d'impôts. Or les collecteurs d'impôts étaient très impopulaires parmi les chefs de la Révolution française et Lavoisier fut exécuté comme tant d'autres à la fin de la Révolution.

Arrestation de Lavoisier par des révolutionnaires français

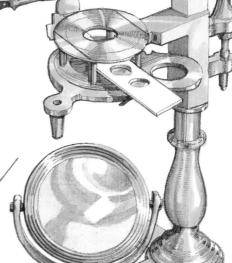

Le microscope de Priestley

L'oxygène

Lavoisier conduisit une série d'expériences destinées à analyser le processus de la combustion. Il chauffait un certain nombre de substances diverses dans l'air, qu'il pesait soigneusement avant et après. Ses résultats montrèrent que les substances ne perdaient pas de poids mais qu'au contraire elles s'alourdissaient. Il en conclut qu'elles devaient donc absorber quelque chose dans l'air et démontra que cette substance inconnue était en fait le gaz identifié par Priestley. Il lui donna un nouveau nom : oxygène.

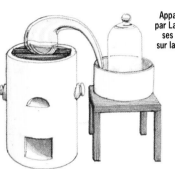

Appareils utilisés par Lavoisier pour ses expériences sur la combustion

En apportant des explications vérifiables à certains des phénomènes observés par les scientifiques, Lavoisier permit de réfuter la théorie du phlogiston, qui avait prévalu pendant presque un siècle. Sa définition de la combustion (combinaison d'une substance avec l'oxygène) est toujours actuelle. Il fut le premier à démontrer que tout ce qui est combustion, y compris la respiration des animaux et des végétaux, implique l'addition d'oxygène. Son travail permit d'abandonner un grand nombre d'idées fausses héritées de l'alchimie.

Les éléments chimiques

En 1789, Lavoisier publia ses *Méthodes de la nomenclature chimique*, ouvrage inspiré du travail de Robert Boyle (voir page 23). Il y développe l'idée de l'élément (substance qui ne peut pas être divisée en substances plus simples) en tant que bloc de construction chimique. Lavoisier répertorie 33 éléments qu'il dispose de façon à montrer comment ils se combinent entre eux pour former des éléments composés (substances faites de plus d'un élément). Son livre introduit aussi un nouveau système de nomenclature, qui nomme les substances d'après leur contenu chimique. Auparavant, leurs noms prêtaient souvent à confusion, certains dérivant directement de l'alchimie.

Une théorie atomique moderne

John Dalton naquit dans un petit village du nord de l'Angleterre. Il s'initia tout seul à la science et ses idées conduisirent à une meilleure compréhension du processus chimique le plus essentiel : la façon dont les éléments se combinent entre eux pour former des éléments composés. En 1808, il publia *A New System of Chemical Philosophy* ("Un Nouveau Système de philosophie chimique"), un ouvrage s'articulant autour de deux axes :

John Dalton (1766-1844)

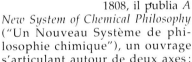

Quelques instruments ayant servi à Dalton

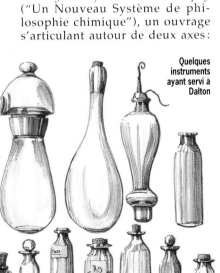

d'abord, tous les éléments chimiques sont composés de très petites particules qui ne se cassent pas lors des réactions chimiques, les atomes ; ensuite, toutes les réactions chimiques sont le résultat d'atomes qui s'associent ou se séparent. Un autre point essentiel de son livre était que les atomes n'ont pas tous le même poids.

Relations entre éléments

Dimitri Mendeleïev naquit et fut élevé en Sibérie, en Russie. Dernier d'une famille de quatorze enfants, c'était un brillant étudiant en science à l'université de Saint-Petersbourg. Plus tard, il y enseignera la chimie. Il étudia les relations entre les divers éléments chimiques. A l'époque, peu de scientifiques avaient remarqué que certains éléments ont des propriétés communes liées à leur poids atomique. Le poids atomique d'un élément est le poids d'un de ses atomes comparé au poids d'un atome d'hydrogène.

Dimitri Mendeleïev (1834-1907) et une partie de sa Classification périodique des éléments

En 1869, Mendeleïev publia sa Classification périodique des éléments, qui groupe les éléments en familles d'après leur poids atomique, le plus petit élément (l'hydrogène) étant situé à gauche et le plus grand (le plomb) à droite. Il montre comment les éléments sont liés les uns aux autres. Mendeleïev identifie aussi des cases manquantes dans son tableau et dit que ces éléments-là sont encore à découvrir. Il a raison et quatre ans plus tard, le premier de ces éléments manquants, le gallium, sera découvert. Plus de cent éléments ont été listés jusqu'à présent.

L'électricité

L'électricité joue un rôle très important dans notre vie quotidienne. Il existe deux sortes d'électricité : statique (qui ne bouge pas) et courante (qui bouge). Depuis les temps anciens, on connaît les effets de l'électricité statique, mais ce n'est pas avant la fin du XVIIIe siècle que l'électricité courante fut découverte. Puis l'étude de l'électricité devint populaire et au cours du XIXe siècle, peu à peu on en apprit davantage sur l'électricité et ses utilisations.

Premières expériences

En 1705, un scientifique britannique, Francis Hauksbee (v.1666-1713) découvrit que si l'on frotte un globe de verre dans lequel on a fait le vide, des éclairs de lumière apparaissent. La lumière est causée par l'électricité et le globe agit comme un générateur d'électricité.

Générateur d'électricité statique de Hauksbee

Un autre scientifique, Stephen Gray (1666-1736) fit des expériences qui montrèrent que l'électricité peut être transmise par différents matériaux, dont le corps humain.

Une des premières démonstrations d'électricité statique

Il fit circuler de l'électricité le long d'une ficelle suspendue à des cordes pendues à des poteaux dans son potager.

Carte à jouer française (v. 1750) illustrant une mise en évidence de l'électricité statique

Emmagasiner l'électricité statique

En 1745, Ewald von Kleist (v.1700-1748), un prêtre allemand, conçut un instrument qui pouvait recevoir et garder de l'électricité statique. Après avoir été utilisé et perfectionné à l'université de Leyde, il prit le nom de «bouteille de Leyde» et marqua un pas décisif dans la connaissance de l'électricité. La bouteille de Leyde consistait en une bouteille de verre que l'on tenait dans une main. Sa surface interne était chargée (électrifiée) d'électricité statique par un fil de cuivre relié à un générateur (très semblable à celui d'Hauksbee) et trempé dans l'eau contenue dans la bouteille. Une fois chargée, la bouteille pouvait conserver l'électricité et la transmettre, car on recevait une décharge quand on touchait le fil.

Cette illustration montre comment charger une bouteille de Leyde avec de l'électricité statique provenant d'un générateur.

L'électricité est utile

Benjamin Franklin fut l'un des premiers à étudier l'électricité en détail. Né aux Etats-Unis, à Boston, il venait d'une famille de fabricants de bougies de dix-sept enfants. Durant sa longue vie, Benjamin mena avec succès plusieurs carrières : il fut imprimeur, éditeur et politicien. A 40 ans, il s'intéressa à l'électricité, qui à cette époque servait surtout d'amusement dans les expositions. En 1752, Franklin démontra que la foudre est une forme d'électricité.

Benjamin Franklin (1706-1790)

Pour cela, en plein orage, il fit voler un cerf-volant muni d'une clef métallique. Quand la foudre frappa la clef, cela créa des étincelles.

Cette expérience était très dangereuse : plus tard, un autre expérimentateur en mourra. Mais elle permit à Franklin de prouver que les nuages d'orage sont chargés d'électricité statique et que

Femme portant un chapeau paratonnerre (XVIIIe s.)

la foudre est causée par la décharge de cette électricité sous la forme d'une étincelle très puissante. La même année, il adapta le premier conducteur de foudre sur le mur extérieur de sa maison. Le conducteur attirait la foudre et la dirigeait en toute sécurité dans le sol, préservant ainsi les bâtiments des effets de la foudre.

L'électricité animale

Luigi Galvani (1737-1798) était professeur d'anatomie à l'université de Bologne, en Italie, quand il s'aperçut que des poissons tels que les raies peuvent donner une décharge similaire à celle exercée par la bouteille de Leyde. A partir de là, il chercha à savoir si l'électricité était présente dans toutes les formes de vie. En 1780, alors qu'il disséquait une grenouille morte, il remarqua que les pattes de l'animal se contractaient quand il touchait un nerf avec la lame de son scalpel.

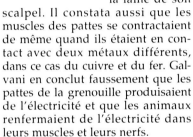

Expériences de Galvani sur des pattes de grenouilles

Il constata aussi que les muscles des pattes se contractaient de même quand ils étaient en contact avec deux métaux différents, dans ce cas du cuivre et du fer. Galvani en conclut faussement que les pattes de la grenouille produisaient de l'électricité et que les animaux renfermaient de l'électricité dans leurs muscles et leurs nerfs.

L'électricité tirée des métaux

Alessandro Volta (1745-1827) montra que les pattes de la grenouille ne contenaient pas leur propre forme d'électricité, mais que les résultats de Galvani étaient en réalité dus au contact de deux métaux différents dans une atmosphère humide. En se fondant sur ce principe, il fut capable de construire la première pile électrique, en 1799. Elle était composée de rondelles d'argent et de zinc séparées par du carton humide. Elle générait un courant électrique constant. C'était la première pile voltaïque. Le volt, une unité de mesure de l'électricité, tire son nom de l'inventeur Volta.

La première pile, ou «pile voltaïque»

Science populaire

Michael Faraday est né à Londres. C'était le fils d'un forgeron. Il a travaillé dans une librairie, puis en 1813 il est devenu assistant de laboratoire à la Royal Institution de Londres. En 1833, il y a été nommé professeur de chimie. Pour beaucoup, Faraday est aujourd'hui le plus grand des physiciens expérimentaux. Il a été l'un des premiers à tenter de rendre la science accessible à tous. En 1826, il a en effet donné les premières conférences sur la science pour les enfants à la Royal Institution. Elles ont toujours lieu chaque année.

Michael Faraday (1791-1867)

Electricité et magnétisme

Faraday s'est beaucoup intéressé aux relations entre l'électricité et le magnétisme. On connaissait le magnétisme depuis des milliers d'années et on soupçonnait un lien entre ces deux phénomènes. Puis, en 1820, un scientifique danois, du nom de Hans Œrsted (1777-1851) remarqua qu'un fil traversé par un courant électrique se comporte comme un aimant : il fait bouger l'aiguille d'une boussole située à proximité.

Faraday décida alors de faire des recherches plus poussées et découvrit que lorsqu'on charge électriquement une bobine de fil, un courant électrique circule aussi dans une autre bobine proche. Il pensa que ce second courant était généré par l'effet magnétique du premier courant et il proposa que si l'électricité circulant dans un fil peut produire une force magnétique, alors l'inverse doit aussi être vrai - une force magnétique devrait produire un courant électrique. Il constata qu'en faisant entrer un aimant dans une bobine de fil puis en l'en faisant sortir, le fil se charge électriquement : ceci prouve que les aimants peuvent produire à eux seuls un courant électrique. A partir de là, Faraday créa la première dynamo (machine qui se sert de l'énergie mécanique pour générer de l'énergie électrique).

Ces découvertes ont eu des résultats pratiques divers dans tous les domaines. Faraday a permis l'invention du moteur électrique, mais aussi de systèmes à grande échelle générant de l'électricité. Finalement, on lui doit l'introduction de l'électricité dans tous les foyers.

Faraday produisit un courant électrique en faisant tourner un disque près d'un aimant à l'aide de cet appareil appelé une dynamo à disque.

Combattre les maladies

Durant la Renaissance, on a fait de grands progrès en Europe dans la compréhension du corps humain (voir page 16). Beaucoup de maladies restaient cependant incurables, comme la variole et la peste, qui ont tué des millions de personnes dans le monde entier. La plupart des maladies étaient causées par des virus (particules microscopiques qui vivent aux dépens des cellules du corps). Malgré l'amélioration des techniques mises en jeu, la chirurgie représentait un autre problème, car nombreux étaient ceux qui mouraient à la suite d'infections contractées durant une opération. A partir du milieu du XVIIIe siècle, les scientifiques ont réussi à faire reculer ces formes de maladies.

Cette gravure de 1656 montre un médecin italien portant des vêtements de protection contre la peste.

Première vaccination

Edward Jenner naquit dans le Gloucestershire, en Angleterre. Il devint l'assistant d'un chirurgien dès l'âge de 13 ans, puis il étudia la médecine au St George's Hospital de Londres. Deux ans plus tard, Jenner retourna dans sa ville natale où il s'établit comme médecin. A cette époque, la variole était une des infections à virus les plus graves. Jenner avait entendu dire que ceux qui avaient contracté une forme plus faible de la maladie, la vaccine, n'avaient pas la variole. La vaccine, une infection qui frappe habituellement les vaches, semblait les protéger contre la variole. En 1796, Jenner gratta la peau d'un garçon bien portant pour introduire un peu du virus responsable de la vaccine puis, deux mois plus tard, il recommença avec un peu de celui de la variole. L'expérience fut un succès complet : le garçon ne développa pas la variole. On dit qu'il a été immunisé contre la variole. Jenner nomma ce procédé la vaccination (de *vacca*, qui signifie vache en latin). Son travail représente l'une des étapes fondamentales des sciences médicales : depuis 1980, aucun cas de variole n'a été notifié.

Edward Jenner
(1749-1823)

La naissance de la bactériologie

Louis Pasteur naquit à Dole, en France. En 1843, il partit pour Paris, où il étudia la chimie et en 1854, il fut nommé professeur de chimie à l'université de Lille. Là, on le chargea de découvrir pourquoi les alcools, comme le vin et la bière, deviennent parfois aigres. Il s'aperçut que ce phénomène est dû à des microbes appelés bactéries et que si on chauffe le liquide à une certaine température, on tue les bactéries sans affecter le liquide. Ce procédé est connu de nos jours sous le nom de «pasteurisation». On l'utilise pour le traitement du lait. Pasteur a aussi démontré que les bactéries qui rendent aigres les liquides et font moisir la viande sont invisibles et omniprésentes.

Louis Pasteur
(1822-1895)

Mais la plus célèbre de ses découvertes est sans doute le vaccin contre la rage, qui est une des maladies de l'homme les plus terribles. Elle paralyse, puis tue sa victime. En 1885, Pasteur injecta une solution atténuée du virus de la rage à un jeune garçon mordu et infecté par un chien enragé. Les microbes rabiques auraient normalement dû devenir actifs quelques semaines après la morsure. Or, dans ce cas, après une série d'injections, le garçon fut entièrement guéri. Les injections à base de microbes atténués ne provoquèrent qu'une très faible attaque de rage. Ceci stimula la résistance du garçon et l'immunisa contre les microbes reçus au moment de la morsure. C'est le principe même de la vaccination.

Statue de Joseph Meister, le jeune garçon vacciné contre la rage par Pasteur

Fiole de verre et microscope utilisés par Pasteur

Jenner se servit de ces pointes pour introduire le virus de la vaccine dans la peau.

Caricature du XIXe s. montrant les patients de Jenner qui se transforment en vache.

Robert Koch (1843-1910) fut, avec Pasteur, le fondateur de la bactériologie. Ici, Koch inocule le bacille (bactérie) de la tuberculose à un patient.

Opérations antiseptiques

Joseph Lister naquit dans l'Essex, en Angleterre. Fils d'un marchand de vin et scientifique amateur, il s'inscrivit en 1848 à l'University College de Londres pour étudier la médecine. Diplômé en 1852, son travail était si remarquable que la même année il fut nommé Fellow of the Royal College of Surgeons («Membre du collège royal des chirurgiens»). En 1853, il se rendit à Edimbourg pour être l'assistant de James Syme, un éminent chirurgien. En 1861, Lister fut nommé chirurgien à la Glasgow Royal Infirmary.

Joseph Lister (1827-1912)

A cette époque, beaucoup de malades mouraient des suites postopératoires. Les blessures s'infectaient par manque d'hygiène et ceci conduisait souvent à un empoisonnement du sang et à d'autres maladies mortelles. En 1865, Pasteur publia sa *Théorie des germes et ses applications à la médecine*, où il affirmait que les bactéries peuvent causer des maladies et que la fermentation et la pourriture sont dues à des bactéries aérobies (qui vivent dans l'air). En lisant cet ouvrage, Lister fit un parallèle entre la viande avariée et la septicémie postopératoire. Peu de temps

Injecteur d'acide phénique de Lister

Ces machines stérilisent les instruments en les chauffant à la vapeur.

Certaines unités modernes de stérilisation utilisent la lumière ultraviolette et les ultrasons pour détruire les microbes.

après la publication de la théorie de Pasteur, Lister effectua la première opération au cours de laquelle il s'assura que tout ce qui était en contact avec les blessures du patient était proprement nettoyé à l'acide phénique. Le résultat ne se fit pas attendre au cours des prochaines opérations : les blessures soigneusement nettoyées guérissaient parfaitement et le taux d'infection était au plus bas. Cette méthode s'appelle l'antisepsie; elle détruit tous les microbes présents. Lister a reçu de nombreuses récompenses pour ses travaux. Son introduction de l'antisepsie dans les hôpitaux est l'une des avancées essentielles de la médecine du XIXe siècle. Avec la mise en place de ces pratiques, la chirurgie générale est non plus un acte dangereux mais un acte qui sauve des vies.

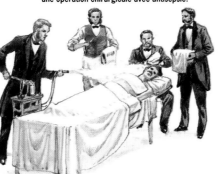

Cette illustration montre Lister en train de diriger une opération chirurgicale avec antisepsie.

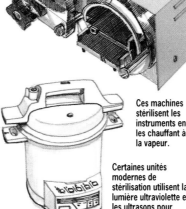

Les antibiotiques

Alexander Fleming naquit dans l'Ayrshire, en Ecosse. A partir de 1901, il étudia la médecine au St Mary's Hospital de Londres. Plus tard, en 1928, alors qu'il travaillait sur la bactérie responsable de l'empoisonnement du sang, il remarqua qu'une culture de la bactérie était infectée par une prolifération appelée *Penicillium notatum*. Les bactéries situées dans la zone infectée avaient été tuées. La substance chimique en cause est connue de nos jours sous le nom de «pénicilline».

Alexander Fleming (1881-1955)

Quelques années après, deux scientifiques, Howard Florey (1898-1968) et Ernst Chain (1906-1979) produiront les premières vastes quantités de pénicilline purifiée. Ce sera le premier des antibiotiques, groupe de médicaments qui attaquent et tuent les bactéries. Grâce au développement des antibiotiques, les maladies bactériennes ne sont plus une cause majeure de mortalité au XXe siècle.

Culture de *Penicillium notatum*, moisissure qui produit la pénicilline.

Toujours plus d'obstacles

Si la variole, comme d'autres maladies, a été éradiquée, il reste encore bien d'autres affections mortelles. Les scientifiques continuent de rechercher des remèdes contre diverses maladies, dont certaines à virus. Le cancer et le SIDA sont deux des défis auxquels ils sont confrontés à l'heure actuelle.

Les ondes et les rayonnements

L'homme s'est toujours intéressé à la nature et au monde autour de lui. Depuis les temps les plus reculés, il se demande pourquoi les choses se réchauffent, comment la lumière voyage et de quoi sont composés les sons. Les lettrés de l'Antiquité tentèrent de répondre à certaines de ces questions, mais les scientifiques du XIXe siècle étudièrent ces problèmes en détail. Ils commencèrent par décrire la lumière, l'électricité et le magnétisme comme des produits des diverses sources d'énergie.

A partir du travail de Faraday

James Maxwell naquit et fut élevé près d'Edimbourgh, en Ecosse. Mathématicien et physicien, son œuvre majeure porta sur l'électricité et le magnétisme. En 1820, Hans Œrsted (voir page 33) montra qu'un courant électrique exerce une force magnétique, dite de nos jours force électromagnétique, sur une aiguille de boussole. Plus tard, Michael Faraday (voir page 33) suggéra que les forces électrique et magnétique se propagent sous la forme de «champs» à partir de leur source.

En 1855, Maxwell développa les idées de Faraday et donna une explication mathématique à la transmission des forces électromagnétiques. Il inventa des équations mathématiques qui montrent que le champ magnétique généré par un courant électrique se

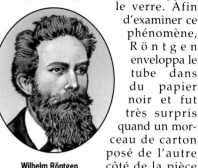

Lignes de force dans un champ magnétique

James Maxwell (1831-1879) et une page de ses calculs

propage loin de sa source à une vitesse constante. Par ailleurs, il calcula que cette vitesse est à peu près la même que la vitesse de la lumière. Il proposa donc que la lumière doit être une sorte d'onde électromagnétique et que la lumière visible n'est qu'une forme parmi les nombreuses formes de radiation électromagnétique. (La radiation est l'émission de rayons à partir d'une source.)

Ondes radio

Heinrich Hertz naquit à Hambourg, en Allemagne. Il suivit une formation d'ingénieur avant d'étudier la physique. Ses expériences montrèrent que les ondes électromagnétiques émises par une étincelle électrique d'un côté de son laboratoire pouvaient être détectées par une boucle de fil située un peu plus loin. Ceci a prouvé l'existence d'ondes radio, une autre forme de rayonnement électromagnétique. Plus tard, on mit en évidence que les ondes radio, comme la lumière, peuvent être concentrées et réfléchies. Le travail de Hertz confirma donc la théorie de Maxwell que les ondes électromagnétiques se comportent comme les ondes lumineuses.

Heinrich Hertz (1857-1894)

Abondance d'ondes électromagnétiques

Wilhelm Röntgen naquit dans un petit village allemand et étudia à l'Institut polytechnique de Zurich. Il fut professeur de physique à l'université de Wurzbourg, où il expérimenta les gaz et développa le travail de Maxwell sur l'électromagnétisme.

En 1895, Röntgen fit des recherches sur les rayons cathodiques produits quand un courant

électrique circule à travers un tube de verre dans lequel on a presque fait le vide; le tube brille à chaque fois que les rayons frappent le verre. Afin d'examiner ce phénomène, Röntgen enveloppa le tube dans du papier noir et fut très surpris quand un morceau de carton posé de l'autre côté de la pièce se mit à briller. Il était enduit d'une substance chimique fluorescente, qui brille à la lumière.

Wilhelm Röntgen (1845-1923)

Röntgen découvrit alors que le carton brillait même lorsqu'il le posait dans la pièce voisine. Apparemment, le tube émettait une autre forme de radiation capable de traverser toutes sortes de matériaux. Il nomma ces nouveaux rayons, rayons X, car il ne savait pas d'où ils venaient.

Plus tard, Röntgen découvrit qu'en dirigeant les rayons X sur la main d'une personne, il pouvait la photographier et voir les os. Les rayons X étaient arrêtés par les os mais traversaient la chair, permettant ainsi la formation d'une image photographique.

Un des premiers tubes à rayons cathodiques

Caricature du XIXe s. sur les rayons X

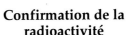

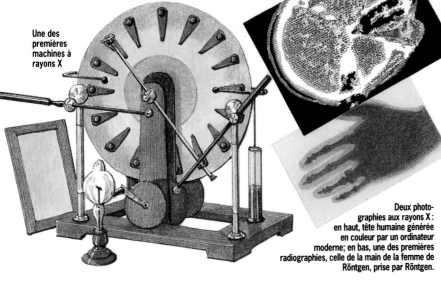

Une des premières machines à rayons X

Deux photographies aux rayons X: en haut, tête humaine générée en couleur par un ordinateur moderne; en bas, une des premières radiographies, celle de la main de la femme de Röntgen, prise par Röntgen.

Cette découverte révolutionna le monde médical, surtout dans le domaine du diagnostic et du traitement des os cassés.

Les débuts de l'ère atomique

Antoine Becquerel naquit dans une famille de scientifiques et fut élevé à Paris. Physicien spécialisé dans l'étude de la fluorescence, quand il entendit parler de la découverte de Röntgen, il voulut réaliser une expérience prouvant que les substances chimiques fluorescentes émettaient des rayons lumineux ordinaires mais aussi des rayons X.

Antoine Becquerel (1852-1908)

A cette époque, Becquerel étudiait un composé fluorescent qui comprenait un élément appelé uranium. Il enveloppa un peu d'uranium dans une feuille de métal, puis plaça le tout sur une plaque photographique. Il pensait qu'une lumière ordinaire émise par la fluorescence de la sub-stance ne pourrait pas traverser la feuille et imprimer la plaque, mais qu'en revanche les rayons X le pourraient. Quand il développa la plaque, elle avait effectivement été noircie: il put donc confirmer que la substance libérait une certaine forme de rayon.

Plus tard, il découvrit que cela n'arrivait pas avec n'importe quel type de substance chimique fluorescente, mais seulement avec des composés contenant de l'uranium.

Becquerel comprit que la substance avait libéré une forme de rayonnement extrêmement puissante. Au début, il se dit qu'il avait trouvé une nouvelle forme d'électromagnétisme, mais des expériences plus poussées démontrèrent qu'il y avait deux sortes de rayonnements bien distinctes: les rayonnements dits de nos jours alpha et bêta; ils consistent en particules chargées électriquement. Plus tard, une troisième sorte de rayonnement, le rayonnement gamma, sera découverte; on sait que c'est une forme de rayonnement électromagnétique. Ces découvertes impliquaient que les atomes des substances radioactives étaient eux-mêmes les sources de l'énergie émise. Les scientifiques en conclurent donc que c'est la structure interne des atomes qui est capable de générer cette énergie. C'était une découverte fondamentale, car elle marquait les débuts de la compréhension moderne de l'atome.

Confirmation de la radioactivité

Marya Sklodowska (plus tard, Marie Curie) naquit à Varsovie, en Pologne, qu'elle quitta pour aller étudier la chimie à la Sorbonne, à Paris. En 1894, elle épousa un autre chimiste, Pierre Curie (1859-1906).

Dans leurs recherches communes sur la radioactivité, les Curie découvrirent que la pechblende, un minéral contenant de l'uranium, est quatre fois plus radioactive que l'uranium pur.

Ils en déduisirent qu'elle devait alors renfermer un autre élément radioactif, encore inconnu. Les Curie passèrent plusieurs années à purifier d'énormes quantités de pechblende, qui devinrent incroyablement radioactives. En 1902, ils avaient réuni 0,1 gramme de cet élément mystérieux, auquel ils donnèrent le nom de «radium».

En 1903, les Curie reçurent le prix Nobel de physique. Quand Pierre fut tué dans un accident de voiture trois ans plus tard, Marie fut la première femme à être nommée professeur à la Sorbonne. En 1911, elle reçut le prix Nobel de chimie. C'était la première personne à recevoir deux prix Nobel.

Caricature des Curie

Mais des années d'exposition au radium avaient endommagé la santé de Marie Curie, qui mourut d'une leucémie (cancer du sang). Le radium, employé à petites doses, devint très important dans le traitement du cancer.

Médaille à l'effigie de Marie Curie (1867-1934) émise pour le centenaire de sa naissance

ÖNTGEN

La science de la vie

Si la théorie de l'évolution de Darwin était acceptée par la majorité des scientifiques de la fin du XIXe siècle, certains y étaient pourtant opposés. Ils objectaient que les changements survenus chez les plantes et les animaux ainsi que la façon dont certains caractères se transmettaient d'une génération à l'autre restaient inexpliqués. Afin de résoudre ces questions, ils ont fait des recherches qui ont mené à la fondation de la génétique, la science de l'hérédité (transmission des caractères des plantes et des animaux à leur descendance).

La naissance de la génétique

Gregor Mendel a grandi à Heinzendorf, en Autriche. Il est devenu prêtre au monastère de Brno en 1847 et a été ordonné abbé onze ans plus tard.

Mendel s'intéressait à la transmission de certains caractères, comme la hauteur et la forme, des plantes à leur descendance. Il a cultivé des pois domestiques afin d'étudier les phénomènes de l'hérédité et a remarqué que certaines particularités, comme la forme des fleurs, se transmettaient d'une génération à l'autre. Il a également constaté que certains traits se transmettaient avec une probabilité plus élevée que d'autres et il a appelé caractères «dominants» ceux qui étaient transmis trois fois sur quatre et caractères «récessifs» ceux qui étaient transmis une fois sur quatre.

Dans sa première loi, Mendel a établi que chaque caractère est contrôlé par une paire d'unités (les gènes), issue chacune

Mendel réalisa la plupart de ses expériences sur les pois.

d'un parent. Ses découvertes et ses théories ont révélé le secret de l'hérédité et formé la base des études de génétique moderne. Cependant, bien qu'il ait publié ses recherches en 1866, l'importance de son œuvre est restée inconnue pendant presque quarante ans.

Gregor Mendel (1822-1884)

Expériences sur la mouche du vinaigre

Thomas Morgan (1866-1945) est né dans le Kentucky, aux Etats-Unis. Il a fondé le département de biologie du California Institute of Technology en 1928 et l'a dirigé jusqu'à sa mort. Morgan a été initialement l'un des plus violents adversaires de la théorie de l'hérédité de Mendel mais plus tard, il est devenu l'un de ses plus vaillants partisans. Morgan a voulu démontrer que les changements que Mendel avait découverts chez les plantes existaient aussi chez les animaux. En 1908, il a commencé des études sur la drosophile, la mouche du vinaigre, qui se sont révélées très importantes dans l'établissement des théories de Mendel.

La mouche du vinaigre possède normalement des yeux rouges. Or, Morgan a découvert un mâle aux yeux blancs dans l'un de ses pots d'expérimentation. Il l'a accouplé à des femelles de la

Mouche du vinaigre (Drosophila melanogaster)

même génération et a constaté que, dans leur descendance, certaines mouches avaient les yeux blancs. Il s'agissait pour la plupart de mouches mâles. Lorsqu'il a accouplé un de ces mâles aux yeux blancs à des femelles de la première génération, la moitié des mâles et la moitié des femelles de leur descendance avaient les yeux blancs. A l'aide de la théorie de Mendel, Morgan a expliqué ce résultat en démontrant que le caractère dominant «yeux blancs» avait été transmis par les unités (gènes) des parents mâles.

La carte des chromosomes

Tous les organismes (créatures vivantes) sont composés de cellules, qui sont les unités de base de la vie. Chaque cellule renferme une sorte de minuscule boule, le noyau, qui contient des filaments appelés chromosomes.

Morgan et son équipe de chercheurs ont découvert que les unités imaginées par Mendel correspondaient en réalité à de véritables unités physiques, localisées à des endroits bien précis sur les chromosomes. Ils ont appelé ces unités des gènes (d'après le mot grec *genos* signifiant «naissance») et, à partir de là, ont été capables d'établir la première «carte des chromosomes», qui montrait l'emplacement des gènes sur un chromosome. En 1922, leur carte localisait plus de 2 000 gènes sur les chromosomes de la drosophile. Ils ont alors pu identifier le gène responsable du caractère «yeux blancs» de la mouche et confirmé ainsi les théories de Mendel en apportant les preuves nécessaires à leur explication.

Chromosomes humains grossis

Biologie moléculaire

Les gènes fournissent des instructions chimiques codées qui régissent l'apparence des plantes et des animaux, ainsi que la façon dont le corps travaille. Les parents transmettent un exemplaire de ces instructions à leurs enfants. L'étude de la manière dont un gène se transmet fait partie d'un domaine important de la recherche scientifique, la biologie moléculaire, qui traite de la structure des molécules constituant les plantes et les animaux vivants.

Coupe transversale d'une cellule animale grossie plusieurs fois

Membrane cellulaire

Noyau

Au début du XXe siècle, les scientifiques savaient que les cellules animales et végétales contiennent une substance chimique dénommée acide désoxyribonucléique (ADN). En 1950, ils pensaient que les molécules d'ADN agissent en tant que code chimique d'instructions responsable de l'hérédité, mais ils n'en connaissaient ni la forme ni le fonctionnement. Plusieurs scientifiques approchaient différemment ces problèmes afin de les résoudre.

Le modèle de l'ADN

Francis Crick, élevé à Londres, étudie la physique à l'université de Londres, puis la biologie à l'université de Cambridge. Il mène ses recherches sur la structure de l'ADN avec un scientifique américain du nom de James Watson (né en 1928) et tous deux s'inspirent des résultats du travail d'autres scientifiques, surtout ceux de Maurice Wilkins (né en 1916) et de Rosalind Franklin qui étudient l'ADN à l'aide de radiographies. Les travaux de Wilkins et Franklin seront déterminants par rapport à la découverte de la structure de l'ADN et par rapport à la façon dont les informations génétiques se transmettent d'une génération à l'autre.

Francis Crick (né en 1916)

En 1953, avec des morceaux de fil de fer et des balles en plastique, Crick et Watson construisent un modèle à l'échelle d'une molécule d'ADN. Elle a la forme d'une double hélice et ressemble à une échelle de corde tordue. Mais surtout, elle permet de visualiser la façon dont la molécule d'ADN se divise pour former deux copies identiques à elle-même.

Quand les plantes et les animaux se reproduisent, chacune des cellules qui les composent se di-

Rosalind Franklin (1920-1958)

vise pour donner deux copies conformes. A chaque fois qu'une nouvelle cellule est fabriquée, l'ADN est dupliqué et ainsi quand la cellule se divise, chacune des deux nouvelles cellules possède sa propre copie des instructions responsables de l'hérédité. De la sorte, les caractères se transmettent de génération en génération.

Beaucoup de scientifiques considèrent cette découverte comme l'une des plus importantes du XXe siècle. En 1962, Crick, Watson et Wilkins reçurent le prix Nobel de médecine. Rosalind Franklin aurait partagé ce prix avec eux si elle n'était pas morte du cancer très jeune.

Illustration générée par ordinateur montrant la structure de la molécule d'ADN

1. L'ADN consiste en deux chaînes formant une double hélice, comme une échelle de corde tordue.

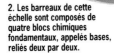

2. Les barreaux de cette échelle sont composés de quatre blocs chimiques fondamentaux, appelés bases, reliés deux par deux.

3. Les deux brins d'ADN se séparent.

4. Les bases seules s'apparient aux bases des chaînes séparées.

5. Deux chaînes identiques se forment.

Casser l'atome

À la fin du XIXe siècle, beaucoup de physiciens étaient persuadés qu'ils allaient enfin pouvoir donner une explication à la construction de l'Univers. Ils décrivirent la matière en termes de mouvement de particules minuscules et invisibles : les atomes. Cependant, de nouvelles découvertes ébranlèrent leur confiance. Il apparut que les atomes eux-mêmes étaient composés de particules encore plus petites et que leur comportement ne pouvait pas s'expliquer par les lois de Newton sur la force et le mouvement (voir page 22).

Naissance de la physique des quanta

Max Planck naquit à Kiel, actuellement en Allemagne. Il étudia la physique à l'université de Munich, où plus tard il sera professeur. En 1900, il publia un article introduisant l'idée d'une «énergie quantifiée». Se fondant sur les travaux de Planck, Einstein proposera que la radiation électromagnétique (voir page 36) est discontinue et n'est pas composée d'ondes mais de minuscules particules d'énergie : les quanta.

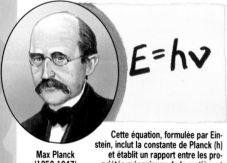

Max Planck (1858-1947)

Cette équation, formulée par Einstein, inclut la constante de Planck (h) et établit un rapport entre les propriétés mécaniques de la matière et ses propriétés ondulatoires.

Bien que l'idée de Planck n'apparût pas comme révolutionnaire à l'époque, il n'en demeure pas moins qu'elle mena au développement de la mécanique quantique, un nouvel ensemble de lois décrivant le comportement des particules atomiques. A la différence des lois de Newton, la mécanique quantique se fonde sur l'idée que la matière peut se comporter comme des ondes ou comme des particules.

Le modeste employé devient professeur

Albert Einstein est l'une des figures scientifiques du XXe siècle. C'était un homme timide, dont le travail était très abstrait et théorique. Il est célèbre pour ses théories de la relativité et pour l'établissement de l'idée d'une énergie quantifiée, ce qui est primordial pour décrire comment les atomes et les particules atomiques se déplacent et agissent entre elles.

Einstein naquit à Ulm, en Allemagne. Sa famille partit pour la Suisse et il étudia la physique à l'Institut polytechnique de Zurich. Il échoua à ses examens et devint employé à Berne.

Albert Einstein (1879-1955)

En 1905, Einstein consacra ses loisirs à produire trois mémoires qui examinaient à nouveau quelques-unes des idées les plus fondamentales de la science. Ses théories étaient tellement en avance sur son temps qu'on ne les accepta d'abord pas. Mais très vite, son génie sera reconnu. En 1909, il est professeur à l'université de Zurich, puis en 1914 il part pour l'université de Berlin.

Université de Berlin

Les théories de la relativité

Sa première théorie, la Théorie de la relativité restreinte, a renversé la conception newtonienne des mesures fixes du temps et du mouvement. Einstein a montré que tout mouvement est relatif ; on ne peut mesurer que la vitesse d'un objet par rapport à un autre objet. Il existe une relation entre la masse et l'énergie des objets en mouvement, exprimée par l'équation : $E=mc^2$, c'est-à-dire que l'énergie (E) contenue dans n'importe quelle particule de matière est égale à sa masse (m) multipliée par le carré de la vitesse de la lumière (c^2). Cette formule est au cœur de toute méthode permettant d'obtenir de l'énergie nucléaire.

Page de calculs écrite par Einstein

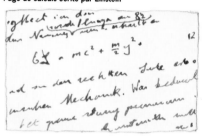

En 1915, Einstein publia sa Théorie de la relativité générale, qui traite de ce qui arrive quand un objet accélère ou ralentit. Elle inclut l'idée que la lumière possède une masse et est donc affectée par la gravité. Cette théorie sera confirmée lorsqu'on détectera la courbure de la lumière par la gravité grâce à des photographies de la lumière émise par deux étoiles durant une éclipse solaire, en 1919. Les découvertes d'Einstein étaient si sensationnelles qu'elles le firent connaître internationalement.

Image d'ordinateur d'une éclipse solaire

$$E = h\nu$$

Le cœur de l'atome

L'œuvre théorique et expérimentale brillante d'Ernest Rutherford sur le noyau de l'atome ainsi que ses recherches en laboratoire eurent beaucoup d'importance. Fils d'un fermier de Nouvelle-Zélande, Rutherford étudia au Christchurch College, où il fit des recherches basées sur le travail de Hertz sur les ondes radio (voir page 36). Il remporta une bourse pour l'université de Cambridge, en Grande-Bretagne, et travailla au Cavendish Laboratory sur les rayons X récemment découverts et sur la radiation de l'uranium (voir page 37).

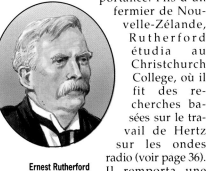

**Ernest Rutherford
(1871-1937)**

Autunite, minerai servant à extraire de l'uranium

Rutherford fut nommé professeur à l'université McGill, à Montréal. Plus tard, il retourna en Grande-Bretagne en tant que directeur du laboratoire de physique de Manchester. Avec son équipe, il mena des expériences importantes sur la structure de l'atome, utilisant des particules dites alpha émises par les substances radioactives.

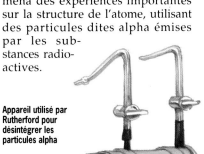

Appareil utilisé par Rutherford pour désintégrer les particules alpha

A partir de ses expériences, Rutherford imagina un modèle détaillé de l'atome. Il conclut que la plus grande partie de la matière est concentrée dans un minuscule noyau situé au centre et que des particules beaucoup plus légères, les électrons, tournent autour de ce noyau, comme les planètes autour du soleil. En 1908, Rutherford reçut le prix Nobel de chimie et en 1919, il fut nommé directeur du Cavendish Laboratory, où il inspira bien des chercheurs sur la structure atomique.

Un nouveau modèle atomique

Niels Bohr grandit à Copenhague, au Danemark. Fils d'un professeur de physiologie, il reçut son doctorat de l'université de Copenhague et en 1911 partit à Manchester pour travailler avec Rutherford. En 1913, il imagina un modèle tout à fait nouveau de la structure de l'atome. Il combinait la conception de Rutherford avec celle de la mécanique quantique. De nos jours, le modèle de Bohr est dépassé, mais il sert toujours à comprendre le comportement des atomes.

Ce schéma établi d'après l'œuvre de Bohr sur la structure de l'atome montre que les électrons tournent autour du noyau. Ils sont situés sur des niveaux d'énergie bien définis, appelés parfois couches.

En 1913, Bohr retourna à Copenhague en tant que professeur de physique et participa au développement de nouvelles théories de la mécanique quantique. Il établit des modèles de la structure du noyau et débattit des changements d'énergie impliqués dans la fission nucléaire. Il remporta le prix Nobel de physique en 1922.

**Niels Bohr
(1885-1962)**

Bohr s'était engagé contre le fascisme et quand, en 1940, l'armée allemande envahit le Danemark, il refusa de participer aux recherches atomiques pour les Nazis. En 1943, sur le point d'être arrêté, il s'enfuit par bateau en Suède, d'où il gagna les Etats-Unis.

Couches

Electron

Noyau

L'origine de l'Univers

Pendant des milliers d'années, on a cherché en vain à répondre à la question de l'origine de l'Univers. Longtemps, on a cru que l'Univers avait toujours existé sous sa forme actuelle et qu'il resterait sans doute ainsi. Puis une conception nouvelle se forma à mesure que le savoir scientifique s'accroissait. Des preuves rassemblées sur plusieurs siècles ont montré que l'Univers n'est pas statique mais qu'au contraire, il change en permanence. La science de l'Univers s'appelle la cosmologie et les cosmologistes étudient l'Univers dans son entier pour comprendre quelle est son origine et comment il a évolué.

Vue de la nébuleuse d'Andromède

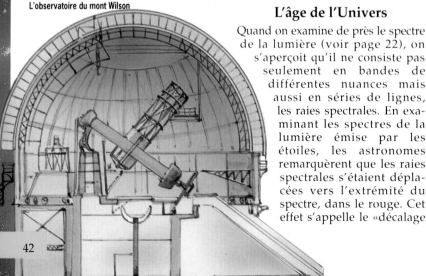

Cette assiette en bronze dépeint la conception chinoise de la création de l'Univers.

D'autres galaxies

Edwin Hubble naquit et fut élevé aux Etats-Unis. Il étudia à l'université de Chicago avant de travailler comme homme de loi, puis de se tourner vers l'astronomie. Il passa le reste de sa vie à l'observatoire du mont Wilson, en Californie.

En 1923, l'étude de Hubble porta sur une galaxie (énorme groupe d'étoiles) appelée la spirale d'Andromède. A cette époque, la plupart des astronomes pensaient que notre galaxie, la Voie lactée,

L'observatoire du mont Wilson

composait l'Univers à elle seule. Ils croyaient que les formes spirales, qu'aujourd'hui nous savons être d'autres galaxies, étaient de simples nuages de gaz. Mais en examinant Andromède, Hubble vit des étoiles sur les bords de la spirale ; pour lui, elles se situaient bien au-delà de la Voie lactée. Son travail démontre qu'Andromède est une autre galaxie et que, par conséquent, la Voie lactée n'est pas la seule galaxie de l'Univers. D'ailleurs, Hubble mais aussi d'autres astronomes identifièrent d'autres galaxies.

Ce dessin montre Edwin Hubble (1889-1953) aux commandes du télescope du mont Wilson.

L'âge de l'Univers

Quand on examine de près le spectre de la lumière (voir page 22), on s'aperçoit qu'il ne consiste pas seulement en bandes de différentes nuances mais aussi en séries de lignes, les raies spectrales. En examinant les spectres de la lumière émise par les étoiles, les astronomes remarquèrent que les raies spectrales s'étaient déplacées vers l'extrémité du spectre, dans le rouge. Cet effet s'appelle le «décalage

vers le rouge». La raison en est la suivante : quand la source de lumière s'éloigne de l'observateur, sa longueur d'onde augmente. Plus grande est la vitesse à laquelle la source lumineuse se déplace et plus grande est sa longueur d'onde. Hubble découvrit que le décalage vers le rouge n'a lieu que si les étoiles s'éloignent de l'observateur terrestre. Il s'aperçut aussi que plus

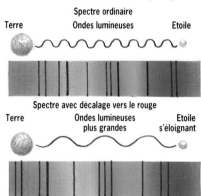

pâle est une galaxie, plus grand est son décalage vers le rouge; ce qui implique que plus une galaxie est éloignée, plus vite elle se déplace. En 1929, Hubble fut capable de mesurer le degré du décalage vers le rouge, ce qui lui permit de calculer la vitesse des galaxies et leur distance de la Terre. De là, il énonça la «loi Hubble»: la vitesse des galaxies augmente proportionnellement à leur distance. Cette découverte confirmait pour la première fois que l'Univers est en expansion. Par là même, elle explique la théorie du Big Bang (voir ci-dessous). De plus, une fois que les astronomes réussirent à mesurer la vitesse à laquelle les galaxies s'éloignent, ils purent également déterminer la date de création de l'Univers, qui se situerait entre six et quinze milliards d'années.

La théorie de l'explosion

Georges Lemaître naquit en Belgique. Il étudia l'astronomie à l'université belge de Louvain et reçut une formation de prêtre. Après un passage par l'université de Cambridge, en Grande-Bretagne, il fut nommé professeur d'astronomie à Louvain, où il fit sa carrière.

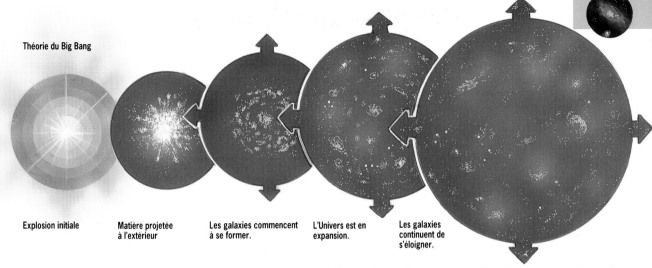

Théorie du Big Bang

Explosion initiale | Matière projetée à l'extérieur | Les galaxies commencent à se former. | L'Univers est en expansion. | Les galaxies continuent de s'éloigner.

En 1927, s'appuyant sur la théorie de la relativité d'Einstein (voir page 40), Lemaître avança que l'Univers continue de s'accroître. Il affirma qu'à une certaine époque l'Univers était formé d'un minuscule atome d'énergie et de matière et suggéra que cet atome s'était désintégré sous l'effet d'une énorme explosion, projetant des gaz chauds dans toutes les directions. Cette conception prit le nom de théorie du Big Bang. Injustement appréciée alors, elle est vue aujourd'hui par la plupart des scientifiques comme une des meilleures explications de l'origine de l'Univers.

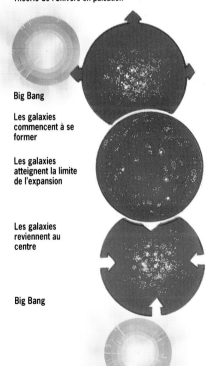

Georges Lemaître (1894-1966)

Avec les nouvelles découvertes spatiales, la théorie du Big Bang s'est affinée et modifiée. En 1970, Roger Penrose (né en 1931) et Stephen Hawking (né en 1942) avancèrent que si la théorie de la relativité d'Einstein est correcte, alors il est possible qu'il y ait un commencement précis à l'Univers. A ce point, appelé singularité, l'espace et le temps tels que nous les connaissons n'existeraient pas. Quelques instants après l'explosion initiale, l'Univers ressemblerait à une boule de feu extrêmement chaude qui s'accroîtrait et se refroidirait, jusqu'à la formation d'hydrogène et d'autres éléments, des millions d'années plus tard. Enfin, sous l'effet de l'attraction gravitationnelle, les atomes s'assembleraient et les galaxies se développeraient.

Une autre version de la théorie du Big Bang, appelée la théorie de l'Univers en pulsation, prétend que l'Univers s'accroît et se contracte alternativement. Dans ce cas, quand la limite de l'expansion est atteinte, la croissance s'arrête et l'Univers se contracte sous l'effet de l'attraction gravitationnelle

Théorie de l'Univers en pulsation

Big Bang

Les galaxies commencent à se former

Les galaxies atteignent la limite de l'expansion

Les galaxies reviennent au centre

Big Bang

mutuelle de ses parties. Les galaxies sont comprimées à tel point que cela déclenche une autre explosion cosmique, qui réamorce tout le processus.

La théorie d'un Univers statique

Hermann Bondi grandit à Vienne, en Autriche. Il émigra en Grande-Bretagne et étudia à l'université de Cambridge, puis devint professeur de mathématiques au King's College de Londres, en 1954.

En 1948, il proposa la théorie d'un état stationnaire de l'Univers, selon laquelle de nouvelles galaxies se forment au centre de l'Univers en expansion afin de remplacer celles qui s'en éloignent.

Hermann Bondi (né en 1919)

En conséquence, pour Bondi, l'Univers est statique. Cette théorie sera controversée à la suite de découvertes ultérieures : par exemple, en 1964, deux astronomes, Robert Wilson et Arno Penzias, captèrent un faible bruit radio venant de l'espace. On pense aujourd'hui qu'il s'agissait de l'écho du Big Bang.

Wilson (né en 1936) et Penzias (né en 1933)

Les femmes et la science

Si tout au long de l'Histoire, les femmes ont été nombreuses à s'impliquer dans le développement de la science, il faut reconnaître que leur œuvre et leur contribution sont restées pratiquement ignorées. Même leurs noms ont été rayés des livres. Et ceci, pour plusieurs raisons : les femmes n'avaient pas le droit de suivre de cours à l'université et étaient exclues des sociétés scientifiques et des laboratoires. Comme elles avaient peu d'éducation scientifique, la plupart d'entre elles ne pouvaient prétendre qu'à des postes d'assistantes. Avec le temps, la situation s'est améliorée mais il y a encore beaucoup plus d'hommes que de femmes dans les domaines scientifiques.

Les premières femmes de science

Il y avait bien quelques femmes médecins dans l'Égypte et la Grèce anciennes, mais rares étaient celles qui pouvaient travailler en tant que médecin ou scientifique dans l'Antiquité. Les biographies de ces femmes de science étaient invariablement écrites par des hommes, qui ne voyaient en elles que des êtres immoraux et dangereux. La première de ces femmes dont la vie est relativement bien connue s'appelle Hypatie. La plupart de ses écrits ont été perdus, mais d'autres scientifiques s'y sont référés et nous savons ainsi qu'elle naquit à Alexandrie, en Égypte, où elle enseigna les mathématiques et la philosophie. Ses travaux essentiels portèrent sur l'algèbre et la géométrie.

Tombeau d'une femme médecin (à partir du Ier s. apr. J.-C.)

Hypatie d'Alexandrie (370-415 apr. J.-C.), d'après une statue classique

Elle s'intéressa aussi à la mécanique et à la technologie. De plus, elle conçut plusieurs instruments scientifiques, dont un astrolabe plan, qui servait à mesurer la position des étoiles, des planètes et du Soleil.

Abbesse et médecin

Hildegard de Bingen fut abbesse d'un couvent en Allemagne. Elle reçut une vaste éducation portant aussi bien sur la musique que sur la médecine et elle rédigea beaucoup de livres sur la religion. Elle écrivit aussi une encyclopédie d'histoire naturelle appelée *Liber simplicis medicinae*, décrivant des animaux, des minéraux, 60 arbres et 230 végétaux. Hildegard imagina plusieurs cartes de l'Univers. Son premier projet (voir ci-dessous) sur l'Univers faisait figurer la Terre au centre et les planètes et les étoiles tout autour.

Hildegard de Bingen (1098-1179)

Première carte de l'Univers dessinée par Hildegard

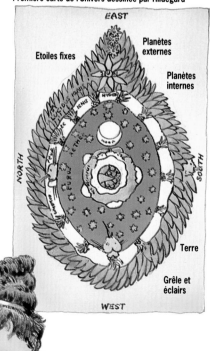

EAST

Planètes externes

Etoiles fixes

Planètes internes

NORTH

SOUTH

Terre

Grêle et éclairs

WEST

Une mathématicienne oubliée

Anne, comtesse de Conway (1631-1679), mathématicienne et philosophe, naquit à Londres. Son frère, qui était aussi son précepteur, l'initia à la lecture et aux idées de Descartes (voir page 19). Leur manoir était un lieu de rencontre pour érudits très connus. L'ouvrage d'Anne Conway,

Ragley Hall, manoir appartenant à lady Anne Conway

The Principles of the most Ancient and Modern Philosophy («Les Principes de la plus ancienne et de la plus moderne philosophie»), fut publié onze ans après sa mort par un chimiste danois, Francis van Helmont. Ce livre contenait beaucoup de ses idées scientifiques et eut une grande influence sur un autre mathématicien allemand, Gottfried Leibniz (1646-1716). Ce dernier reconnut l'importance de l'œuvre d'Anne Conway, pourtant on attribua le livre à van Helmont et elle tomba dans l'oubli.

Une astronome autodidacte

Caroline Herschel (1750-1848) naquit dans une famille de musiciens allemands. En 1772, elle partit en Grande-Bretagne où elle rejoignit son frère, William, un astronome. Elle apprit seule l'astronomie et les mathématiques, puis elle devint l'assistante de William. En 1787, ce fut la première femme à être nommée assistante de l'Astronome de la Cour.

Ce télescope géant, conçu par William, le frère de Caroline Herschel, fut bâti vers 1780.

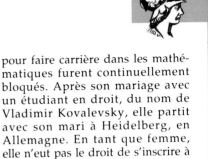

Trouver de nouvelles comètes

Herschel fut reconnue dans toute l'Europe comme un grand astronome. En plus de sa collaboration aux travaux de son frère, on lui doit d'avoir découvert beaucoup de comètes nouvelles. Elle remporta plusieurs récompenses pour son travail, dont la médaille d'or de la Royal Astronomical Society en 1828. Son succès contribua à ouvrir l'astronomie aux autres femmes de son époque.

Propager les idées scientifiques

Mary Somerville participa largement à l'éducation scientifique. Née en Ecosse, on l'appelait la «Reine de la science du XIXe siècle». C'est son mari qui soumit son premier papier scientifique, *On the Magnetizing Power of the More Refrangible Solar Rays* («Le Pouvoir magnétique des rayons solaires les plus réfrangibles»), à la Royal Society, car les femmes étaient bannies de l'organisation. En 1831, elle publia *Mechanism of the Heavens* («Mécanisme du ciel»), dans lequel elle donnait son interprétation de l'œuvre du scientifique français Pierre de Laplace (1749-1827) mais où elle exposait aussi beaucoup d'idées originales qui lui étaient propres. Pendant le reste du siècle, son ouvrage fit référence dans l'étude des mathématiques avancées.

Mary Somerville (1780-1872) et la page de garde de *Mechanism of the Heavens*

La première programmeuse d'ordinateur

Ada, comtesse de Lovelace, fille du poète lord Byron, étudia l'astronomie, le latin, la musique et les mathématiques. Elle travailla avec Charles Babbage (1792-1871), un mathématicien britannique qui tentait de construire des machines à calculer, et l'aida à concevoir les opérations arithmétiques que cela impliquait. De nos jours, ces machines sont considérées comme les ancêtres des ordinateurs, c'est pourquoi on peut dire que la comtesse de Lovelace fut la première programmeuse d'ordinateur. Son travail sur les machines et ses idées sur leur utilisation furent publiés en 1843. Mais à cette époque, il n'était pas convenable pour une femme de publier un ouvrage signé de son nom, elle ne signa donc qu'avec ses initiales, et comme tant d'autres femmes de science, son travail de mathématicienne tomba dans l'oubli.

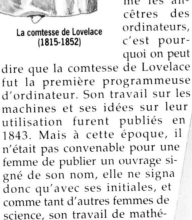

La comtesse de Lovelace (1815-1852)

Frustration académique

La mathématicienne russe Sophia Krukovsky remporta les plus hautes récompenses pour son travail, mais ses efforts pour faire carrière dans les mathématiques furent continuellement bloqués. Après son mariage avec un étudiant en droit, du nom de Vladimir Kovalevsky, elle partit avec son mari à Heidelberg, en Allemagne. En tant que femme, elle n'eut pas le droit de s'inscrire à l'université et elle dut étudier en privé. En 1874, elle reçut son doctorat de mathématiques de l'université de Göttingen mais ne put pas trouver de poste académique.

Sophia Krukovsky (1850-1891) et quelques-uns de ses calculs mathématiques

En 1884, Krukovsky devint la première femme professeur à la nouvelle université de Stockholm, en Suède. En 1888, l'Académie des sciences (une des Académies de l'Institut de France ; voir page 21) lui attribua sa récompense suprême, le prix Bordin, pour son travail en mathématiques. Pourtant, incapable de trouver un poste en France, elle décida de démissionner de son poste à Stockholm et de se consacrer à la recherche, mais elle tomba malade et mourut peu après.

Lettre annonçant l'attribution du prix Bordin à Sophia Krukovsky

Dates clés de la découverte scientifique

Avant Jésus-Christ

4241 Première date à laquelle des événements peuvent être notifiés précisément, grâce au calendrier égyptien.

v.2630 Imhotep est le médecin et le conseiller du pharaon Djoser.

v.1000 Premières archives de la connaissance des Chinois en astrologie.

v.700 Compilation originale du *Yajurveda*, manuscrit indien de médecine.

v.600 Thalès de Milet tente de trouver des explications rationnelles aux phénomènes naturels.

551 Naissance du philosophe chinois Confucius.

v.500 Pythagore discute de l'importance mystique des nombres et de l'harmonie dans l'Univers.

v.450 Naissance d'Hippocrate qui deviendra un médecin influent de l'île de Cos.

399 Mort de Socrate, l'un des philosophes grecs les plus importants.

387 Le philosophe grec Platon fonde l'Académie à Athènes.

v.335 Aristote rédige des ouvrages scientifiques importants sur l'histoire naturelle et la structure de l'Univers.

287 Naissance d'Archimède, mathématicien et inventeur.

Après Jésus-Christ

150 Ptolémée écrit l'*Almageste*, qui traite du mouvement des étoiles et des planètes.

161 L'anatomiste grec Galien part pour Rome, où il devient un médecin réputé.

v.600 La civilisation des Mayas prospère en Amérique centrale.

813 Fondation de l'école d'astronomie de Bagdad.

v. 854 Naissance d'Al-Razi (Rhazes), le plus grand des alchimistes arabes.

965 Naissance d'Ibn al-Haytham (Alhazen), physicien musulman célèbre pour ses travaux en optique.

1253 Mort de Robert Grosseteste, professeur de mathématiques et de science.

1264 Thomas d'Aquin réconcilie la pensée chrétienne et la conception aristotélicienne.

1267 Roger Bacon défie l'autorité de la doctrine traditionnelle de l'Eglise.

1452 Naissance de Léonard de Vinci, inventeur et artiste.

1527 Paracelse est professeur de médecine à l'université de Bâle.

1543 Copernic publie sa théorie affirmant que les planètes tournent autour du Soleil et non pas autour de la Terre.
André Vésale produit un nouveau guide de l'anatomie humaine.

1551 Konrad von Gesner commence à publier son vaste ouvrage sur le règne animal.

1574 Tycho Brahé fait construire un observatoire astronomique sur l'île de Hveen.

1596 Naissance de René Descartes, mathématicien et philosophe.

1610 Galileo Galilei, dit Galilée, publie *Le Messager sidéral*, qui traite de ses découvertes en astronomie faites en utilisant un télescope.

1616 William Harvey enseigne la circulation du sang.

1618 Johannes Kepler publie ses lois décrivant les orbites elliptiques des planètes autour du Soleil.

1627 Publication de la *Nouvelle Atlantide* de Francis Bacon, avec ses idées influentes sur le rôle de la science dans la société.

1632 Galilée publie *Dialogue concernant les deux principaux systèmes du monde*, qui décrit les mouvements de la Terre autour du Soleil.

1642 Mort de Galilée. Naissance d'Isaac Newton.

1644 Publication des *Principes de philosophie* de Descartes, sa principale œuvre.

1661 Robert Boyle propose que la matière est composée de minuscules particules dans son livre, *Le Chimiste sceptique*.

1662 Fondation de la Royal Society, à Londres.

1665 Publication de *Micrographia* par Robert Hooke. Ce livre contient des dessins détaillés réalisés grâce à des observations au microscope.

1666 Fondation de l'Académie royale des sciences de Paris.

1682 Edmond Halley dresse une carte et décrit l'orbite de la comète, qui plus tard portera son nom.

1687 Publication du livre d'Isaac Newton, *Principia*, dans lequel il formule ses lois de la gravitation universelle.

1703 Newton devient président de la Royal Society, et le restera jusqu'à sa mort, en 1727.

1704 Newton publie *Opticks*, un livre sur les lentilles et la lumière.
John Ray termine sa classification de 17 000 plantes.

1705 Francis Hauksbee produit des éclairs d'électricité en frottant un globe dans lequel on a fait le vide.

1729 Stephen Gray conduit l'électricité sur de longues distances.

1745 Invention de la bouteille de Leyde, un instrument qui emmagasine l'électricité.

1748 Georges de Buffon achève son *Histoire naturelle* en 36 volumes.

1752 Benjamin Franklin démontre que la foudre est causée par l'électricité.

1753 Carl von Linné publie son nouveau système binomial pour classifier les plantes.

1756 Joseph Black trouve qu'en chauffant des substances chimiques, on peut produire de l'«air fixe» (gaz carbonique).

1774 Joseph Priestley isole un gaz connu de nos jours sous le nom d'oxygène et qu'il appelle l'«air déphlogistiqué».

1775 Abraham Werner fonde une école des mines à Freiberg et développe peu à peu la «théorie neptunienne» des changements géologiques.

1779 Antoine Lavoisier confirme l'existence de l'«air déphlogistiqué» et le rebaptise oxygène.

1787 Caroline Herschel est reconnue pour sa contribution à l'astronomie.

1789 Lavoisier publie ses *Méthodes de la nomenclature chimique*, qui liste 33 éléments et introduit le système moderne de classification.

1791 Luigi Galvani publie les résultats de ses expériences électriques sur les grenouilles.

1795 Dans son livre, *The Theory of the Earth*, James Hutton remet en question le compte rendu biblique de la création. Il propose en échange que les changements géologiques ont eu lieu sur des millions d'années.

1796 Edward Jenner vaccine un enfant contre la variole.

1799 Alessandro Volta fabrique la première pile électrique.

1808 Le livre de John Dalton, *A New System of Chemical Philosophy*, contient de nouvelles idées importantes sur la théorie atomique.

1809 Jean de Lamarck publie ses explications du changement des êtres vivants, dont la notion que les caractères acquis peuvent se transmettre.

1820 Hans Œrsted montre qu'un courant électrique exerce une force magnétique sur l'aiguille d'une boussole.

1824 Justus von Liebig établit son laboratoire de recherches à Giessen, en Allemagne.

1831 Charles Lyell est nommé professeur de géologie au King's College de Londres.
Charles Darwin embarque sur le HMS *Beagle*.
Michael Faraday produit un courant électrique à partir d'un aimant en mouvement.

1843 Ada Lovelace publie ses travaux en mathématiques.

1858 Darwin reçoit le manuscrit d'Alfred Wallace sur la sélection naturelle.

1859 Darwin publie *On the Origin of the Species by Natural Selection*, qui contient ses théories de l'évolution.

1867 Joseph Lister décrit ses succès dans la réduction des infections grâce à l'utilisation d'antiseptiques.

1868 Gregor Mendel finit ses recherches sur les pois, qui forment la base de la théorie moderne de la génétique.

1869 Dimitri Mendeleïev conçoit sa *Classification périodique des éléments*.

1871 Darwin publie son deuxième livre sur l'évolution, *The Descent of Man*.

1872 James Maxwell utilise des équations algébriques pour effectuer les déterminations quantitatives des théories de Faraday sur l'électricité.

1882 Robert Koch découvre le virus du choléra.

1885 Louis Pasteur sauve la vie d'un enfant mordu par un chien enragé grâce à la vaccination.

1886 Heinrich Hertz commence ses recherches qui démontrent l'existence d'ondes radioélectriques.

1888 Sophia Krukovsky remporte le prix Bordin.

1895 Wilhelm Röntgen découvre les rayons X.

1896 Antoine Becquerel découvre que l'uranium est radioactif.

1900 Max Planck introduit l'idée d'une «énergie quantifiée».

1905 Albert Einstein publie trois articles scientifiques, dont sa théorie de la relativité restreinte.

1910 Les expériences de Thomas Morgan sur la mouche du vinaigre confirment les idées de Mendel sur l'hérédité.

1911 Marie Curie reçoit le prix Nobel pour son travail sur la radioactivité. Elle est la première personne à remporter deux fois le prix Nobel.
Ernest Rutherford montre que les atomes possèdent un noyau central.

1913 Niels Bohr propose un nouveau modèle pour l'atome d'hydrogène.

1915 Alfred Wegener publie sa théorie de la dérive des continents.

1919 Einstein publie sa théorie de la relativité générale.

1923 Edwin Hubble prouve l'existence de galaxies autres que la nôtre.

1927 Georges Lemaître propose que l'Univers est constamment en expansion.

1928 Alexander Fleming remarque qu'une moisissure, appelée de nos jours pénicilline, tue les bactéries.

1929 Hubble montre que les galaxies s'éloignent les unes des autres. Cela forme la base de la théorie du Big Bang.

1948 Hermann Bondi et Thomas Gold proposent leur théorie d'un état stationnaire de l'Univers.

1953 Francis Crick et James Watson découvrent la structure de la molécule d'ADN.

1963 Des expériences géologiques confirment la conception de Wegener et établissent la théorie de la tectonique des plaques.

1964 Robert Wilson et Arno Penzias détectent des bruits radio dans l'espace. On pense qu'il s'agit de l'écho du Big Bang.

Index

Les éditeurs remercient les organismes suivants qui leur ont donné l'autorisation de reproduire leur matériel ou de s'en servir comme référence :

Science Museum Library (Londres) ; The Royal Society ; The Ann Ronan Picture Library ; Popperfoto ; Mary Evans Picture Library ; Bibliothèque nationale (Paris) ; Dover Publications Inc.

Les trois dessins du bas de la page 28 ont été reproduits d'après des croquis de Léonard de Vinci (Royal Collection, Windsor).